A Revolução Colombiana

REVOLUÇÕES
DO SÉCULO 20

FUNDAÇÃO EDITORA DA UNESP

Presidente do Conselho Curador
Mário Sérgio Vasconcelos

Diretor-Presidente
Jézio Hernani Bomfim Gutierre

Superintendente Administrativo e Financeiro
William de Souza Agostinho

Conselho Editorial Acadêmico
Danilo Rothberg
Luis Fernando Ayerbe
Marcelo Takeshi Yamashita
Maria Cristina Pereira Lima
Milton Terumitsu Sogabe
Newton La Scala Júnior
Pedro Angelo Pagni
Renata Junqueira de Souza
Sandra Aparecida Ferreira
Valéria dos Santos Guimarães

Editores-Adjuntos
Anderson Nobara
Leandro Rodrigues

Forrest Hylton

A Revolução Colombiana

Coleção Revoluções do Século 20
Direção de Emília Viotti da Costa

Tradução
MAGDA LOPES

© 2007 Editora Unesp
© 2009 da tradução brasileira
© Foto de capa: Pascale Mariani/Romes Langlois/Corbis/
Corbis (DC)/Latinstock

Direitos de publicação reservados à:
Fundação Editora da UNESP (FEU)
Praça da Sé, 108
01001-900 – São Paulo – SP
Tel.: (0xx11) 3242-7171
Fax: (0xx11) 3242-7172

www.editoraunesp.com.br
www.livrariaunesp.com.br
atendimento.editora@unesp.br

CIP-Brasil. Catalogação na fonte
Sindicato Nacional dos Editores de Livros, RJ

H55r

Hylton, Forrest
  A revolução colombiana/Forrest Hylton; direção [da série] de Emília Viotti da Costa; tradução Magda Lopes. – São Paulo: Ed. UNESP, 2010.
  194p. – (Revoluções do Século XX)

  Tradução de: Revolución y contrarrevolución en Colombia
  Inclui bibliografia
  ISBN 978-85-393-0001-3

  1. Colômbia – História – Século XIX. 2. Colômbia – História – Século XX. 3. Resistência ao governo – Colômbia – História – Século XX. I. Título. II. Série.

10-0643. CDD: 986.1
  CDU: 94(862)

Editora afiliada:

Asociación de Editoriales Universitarias
de América Latina y el Caribe

Associação Brasileira de
Editoras Universitárias

APRESENTAÇÃO DA COLEÇÃO

O século XIX foi o século das revoluções liberais; o XX, o das revoluções socialistas. Que nos reservará o século XXI? Há quem diga que a era das revoluções está encerrada, que o mito da Revolução que governou a vida dos homens desde o século XVIII já não serve como guia no presente. Até mesmo entre pessoas de esquerda, que têm sido ao longo do tempo os defensores das ideias revolucionárias, ouve-se dizer que os movimentos sociais vieram substituir as revoluções. Diante do monopólio da violência pelos governos e do custo crescente dos armamentos bélicos, parece a muitos ser quase impossível repetir os feitos da era das barricadas.

Por toda parte, no entanto, de Seattle a Porto Alegre ou Mumbai, há sinais de que hoje, como no passado, há jovens que não estão dispostos a aceitar o mundo tal como se configura em nossos dias. Mas quaisquer que sejam as formas de lutas escolhidas, é preciso conhecer as experiências revolucionárias do passado. Como se tem dito e repetido, quem não aprende com os erros do passado está fadado a repeti-los. Existe, contudo, entre as gerações mais jovens, uma profunda ignorância desses acontecimentos tão fundamentais para a compreensão do passado e a construção do futuro. Foi com essa ideia em mente que a Editora UNESP decidiu publicar esta coleção. Esperamos que os livros venham a servir de leitura complementar aos estudantes da escola média, universitários e ao público em geral.

Os autores foram recrutados entre historiadores, cientistas sociais e jornalistas, norte-americanos e brasileiros, de posições políticas diversas, cobrindo um espectro que vai do centro até a esquerda. Essa variedade de posições foi conscientemente buscada. O que perdemos, talvez, em consistência, esperamos ganhar na diversidade de interpretações que convidam à reflexão e ao diálogo.

Para entender as revoluções no século XX, é preciso colocá-las no contexto dos movimentos revolucionários que se desencadearam a partir da segunda metade do século XVIII, resultando na destruição final do Antigo Sistema Colonial e do Antigo Regime. Apesar das profundas diferenças, as revoluções posteriores procuraram levar a cabo um projeto de democracia que se perdeu nas abstrações e contradições da Revolução de 1789 e se tornou o centro das lutas do povo a partir daí. De fato, o século XIX assistiu a uma sucessão de revoluções inspiradas na luta pela independência das colônias inglesas na América e na Revolução Francesa.

Em 4 de julho de 1776, as treze colônias que vieram inicialmente a constituir os Estados Unidos da América declaravam sua independência e justificavam a ruptura do Pacto Colonial. Em palavras candentes e profundamente subversivas para a época, afirmavam a igualdade dos homens e apregoavam como seus direitos inalienáveis: o direito à vida, à liberdade e à busca da felicidade. Afirmavam que o poder dos governantes, aos quais cabia a defesa daqueles direitos, derivava dos governados. Portanto, cabia a estes derrubar o governante quando ele deixasse de cumprir sua função de defensor dos direitos e resvalasse para o despotismo.

Esses conceitos revolucionários que ecoavam o Iluminismo foram retomados com maior vigor e amplitude treze anos mais tarde, em 1789, na França. Se a Declaração de Independência das colônias americanas ameaçava o sistema colonial, a Revolução Francesa viria pôr em questão todo o Antigo Regime, a ordem social que o amparava, os privilégios da aristocracia, o sistema de monopólios, o absolutismo real, o poder divino dos reis.

Não por acaso, a Declaração dos Direitos do Homem e do Cidadão, aprovada pela Assembleia Nacional da França, foi redigida pelo marquês de La Fayette, francês que participara das lutas pela independência das colônias americanas. Este contara com a colaboração de Thomas Jefferson, que se encontrava na França, na ocasião como enviado do governo americano. A Declaração afirmava a igualdade dos homens perante a lei. Definia como seus direitos inalienáveis a liberdade, a propriedade, a segurança e a resistência à opressão, sendo a preservação desses direitos o objetivo de toda associação política. Estabelecia que ninguém poderia ser privado de sua propriedade, exceto em casos de evidente necessidade pública legalmente comprovada, e desde que fosse prévia e justamente indenizado. Afirmava ainda a soberania da nação e a supremacia da lei. Esta era definida como expressão da vontade geral e deveria ser igual para todos. Garantia a liberdade de expressão, de ideias e de religião, ficando o indivíduo responsável pelos abusos dessa liberdade, de acordo com a lei. Estabelecia um imposto aplicável a todos, proporcionalmente aos meios de cada um. Conferia aos cidadãos o direito de, pessoalmente ou por intermédio de seus representantes, participar na elaboração dos orçamentos, ficando os agentes públicos obrigados a prestar contas de sua administração. Afirmava ainda a separação dos poderes.

Essas declarações, que definem bem a extensão e os limites do pensamento liberal, reverberaram em várias partes da Europa e da América, derrubando regimes monárquicos absolutistas, implantando sistemas liberal-democráticos de vários matizes, estabelecendo a igualdade de todos perante a lei, adotando a divisão dos poderes (legislativo, executivo e judiciário), forjando nacionalidades e contribuindo para a emancipação dos escravos e a independência das colônias latino-americanas.

O desenvolvimento da indústria e do comércio, a revolução nos meios de transportes, os progressos tecnológicos, o processo de urbanização, a formação de uma nova classe social – o proletariado – e a expansão imperialista dos países europeus na África e na Ásia geravam deslocamentos, conflitos sociais e guerras em várias partes do mundo. Por toda a parte os grupos excluídos defrontavam-se com novas oligarquias que não atendiam às suas necessidades e não respondiam aos seus anseios. Estes extravasavam em lutas visando a tornar mais efetiva a promessa democrática que a acumulação de riquezas e poder nas mãos de alguns, em detrimento da maioria, demonstrara ser cada vez mais fictícia.

A igualdade jurídica não encontrava correspondência na prática; a liberdade sem a igualdade transformava-se em mito; os governos representativos representavam apenas uma minoria, pois a maioria do povo não tinha representação de fato. Um após outro, os ideais presentes na Declaração dos Direitos do Homem foram revelando seu caráter ilusório. A resposta não se fez tardar.

Ideias socialistas, anarquistas, sindicalistas, comunistas, ou simplesmente reformistas apareceram como críticas ao mundo criado pelo capitalismo e pela liberal-democracia. As primeiras denúncias ao novo sistema surgiram contemporaneamente à Revolução Francesa. Nessa época, as críticas ficaram restritas a uns poucos revolucionários mais radicais, como Gracchus Babeuf. No decorrer da primeira metade do século XIX, condenações da ordem social e política criada a partir da Restauração dos Bourbon na França fizeram-se ouvir nas obras dos chamados socialistas utópicos, como Charles Fourier (1772-1837), o conde de Saint-Simon (1760-1825), Pierre Joseph Proudhon (1809-1865), o abade Lamennais (1782-1854), Étienne Cabet (1788-1856), Louis Blanc (1812-1882), entre outros. Na Inglaterra, Karl Marx (1818-1883) e seu companheiro Friedrich Engels (1820-1895) lançavam-se na crítica sistemática ao capitalismo e à democracia burguesa, e viam na luta de classes o motor da história e, no proletariado, a força capaz de promover a revolução social. Em 1848, vinha à luz o *Manifesto comunista*, conclamando os proletários do mundo a se unirem.

Em 1864, criava-se a Primeira Internacional dos Trabalhadores. Três anos mais tarde, Marx publicava o primeiro volume de *O capital*. Enquanto isso, sindicalistas, reformistas e cooperativistas de toda espécie, como Robert Owen, tentavam humanizar o capitalismo. Na França, o contingente de radicais aumentara bastante, e propostas radicais começaram a mobilizar um maior número de pessoas entre as populações urbanas. Os socialistas, derrotados em 1848, assumiram a liderança por um breve período na Comuna de Paris, em 1871, quando foram novamente vencidos. Apesar de suas derrotas e múltiplas divergências entre os militantes, o socialismo foi ganhando adeptos em várias partes do mundo. Em 1873, dissolvia-se a Primeira Internacional. Marx faleceu dez anos mais tarde, mas sua obra continuou a exercer poderosa influência. O segundo volume de *O capital* saiu em 1885, dois anos após sua morte, e o terceiro, em 1894. Uma nova Internacional foi fundada em 1889. O movimento em favor de uma mudança radical ganhava um número cada vez maior de participantes, em várias partes do mundo, culminando na Revolução Russa de 1917, que deu início a uma nova era.

No início do século XX, o ciclo das revoluções liberais parecia definitivamente encerrado. O processo revolucionário, agora sob inspiração de socialistas e comunistas, transcendia as fronteiras da Europa e da América para assumir caráter mais universal. Na África, na Ásia, na Europa e na América, o caminho seguido pela União Soviética alarmou alguns e serviu de inspiração a outros, provocando debates e confrontos internos e externos que marcaram a história do século XX, envolvendo a todos. A Revolução Chinesa, em 1949, e a Cubana, dez anos mais tarde, ampliaram o bloco socialista e forneceram novos modelos para revolucionários em várias partes do mundo.

Desde então, milhares de pessoas pereceram nos conflitos entre o mundo capitalista e o mundo socialista. Em ambos os lados, a historiografia foi profundamente afetada pelas paixões políticas suscitadas pela Guerra Fria e deturpada pela propaganda. Agora, com o fim da Guerra Fria, o desaparecimento da União Soviética e a participação da China em instituições até recentemente controladas pelos países capitalistas, talvez seja possível dar início a uma reavaliação mais serena desses acontecimentos.

Esperamos que a leitura dos livros desta coleção seja, para os leitores, o primeiro passo numa longa caminhada em busca de um futuro, em que liberdade e igualdade sejam compatíveis e a democracia seja a sua expressão.

Emília Viotti da Costa

À memória de Michael F. Jiménez (1948-2001),
um mestre sem igual.

Agradecimentos

Agradeço a Perry Anderson, Anne Beech, Robin Blackburn, Luis Duno-Gottberg, Lesley Gill, Greg Gandin, Nivedita Menon, Tim Mitchell, Arzoo Osanloo, Christian Parenti, Raúl Prada, Marcus Rediker, Emir Sader, Jamie Sanders, Sinclair Thomson e Danny Widener, e também a Susan Watkins e Tony Wood, da revista *New Left Review*, por suas sugestões, apoio e/ou críticas durante as diferentes fases da escrita deste texto. Sou grato a Tariq Ali, pela ideia de transformar o que inicialmente era um ensaio em um livro. A Tom Penn, por me ajudar pacientemente a levá-lo à impressão. A Peter Linebaugh, pelos bons conselhos no começo do processo, assim como a Aijaz Ahmad quase no final. A Mike Davis, por impulsionar o projeto desde o princípio; sem seu estímulo, provavelmente ele não teria sido publicado. A Steele, meu filho, que quis me ajudar a terminar e me deu boas razões para fazê-lo. A Gonzalo Sánchez, que corrigiu imprecisões, ajudou com a bibliografia, me impediu de cair em erros panfletários e me deixou saber como as condições em que vivem os intelectuais colombianos dão forma ao seu trabalho. Os erros empíricos e de interpretação são, certamente, de minha inteira responsabilidade.

O livro nasceu de uma conferência dada em outubro de 2002 sobre o tema do terror estatal, organizada pelos alunos do departamento de Estudos Americanos da Universidade de Nova York (NYU). Agradeço a Peter Hudson, por tomar a iniciativa, e a meu companheiro de exposição, por ampliar meus conhecimentos acerca dos colonos das fronteiras da coca. Em abril de 2006, tive a sorte de discutir previamente a introdução e os primeiros capítulos do livro com diversos participantes de um seminário sobre cultura, poder e fronteiras na Universidade de Columbia; no seminário do Centro Internacional de Estudos Avançados da Universidade de Nova York, discuti a introdução e vários dos capítulos finais.

Na Colômbia, no Equador e na Venezuela, gostaria de agradecer em particular a Charles Bergquist, Lina Britto, Rafael Britto, Valeria Coronel, Carol Delgado, José Antonio Figueroa, Juan Antonio Hernández, Jorge González, Myriam Londoño, Carlos Ortega e "9". Entretanto, omito o nome dos advogados, jornalistas, ativistas de direitos humanos e sindicais, feministas, organizações de bairro, estudantes e professores colombianos que, com suas agudas percepções sobre a realidade política nacional, me ajudaram a compreendê-la durante numerosas entrevistas e conversas informais. Seu irreprimível senso de humor e seu firme compromisso com valores e princípios profundamente humanos, e com frequência sob ameaças às suas vidas, continuam sendo fonte de inspiração. Com todos eles tenho uma dívida infinita.

Forrest Hylton
Professor associado de Ciências Políticas
da Universidade dos Andes (Bogotá)

Sumário

Lista de abreviaturas *19*

Prólogo, por Gonzalo Sánchez Gómez *23*

Introdução: Recordando a Colômbia *29*

1. Republicanismo radical e popular (1848-1880) *45*

2. Da reação à rebelião (1880-1930) *53*

3. A pausa liberal (1930-1946) *63*

4. *La Violencia* (1946-1957) *71*

5. A Frente Nacional: fechamento político (1957-1982) *85*

6. Negociando a guerra suja (1982-1990) *105*

7. Paz fragmentada, soberania parcelada (1990-1998) *119*

8. Involução (1998-2002) *141*

9. À beira do precipício (2002-2005) *157*

10. A guerra como paz (2005-2006) *169*

Conclusão: Amnésia por decreto? *179*

Bibliografia *189*

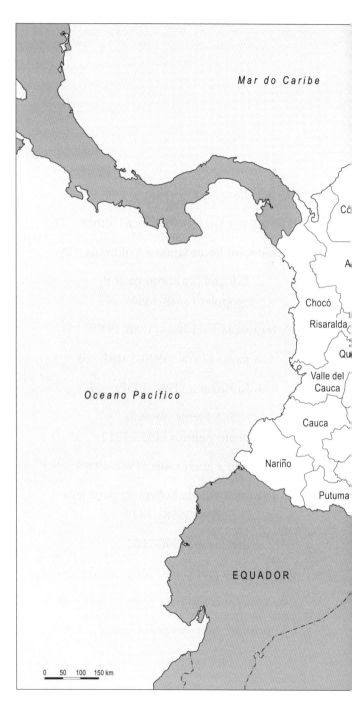

Lista de abreviaturas

AAA	Aliança Anticomunista Americana
ACCU	Auto-Defensas Campesinas de Córdoba y Urabá
AD	Aliança Democrática
Anapo	Aliança Nacional Popular
Andi	Associação Nacional de Empresários
Anuc	Associação Nacional de Usuários Camponeses
Apen	Associação Patriótica Econômica Nacional
AUC	Autodefesas Unidas da Colômbia
CGSB	Coordinadora Guerrillera Simon Bolívar
CIA	Central de Inteligência Americana
Cric	Consejo Regional Indígena del Cauca
CTC	Confederação dos Trabalhadores da Colômbia
DAS	Departamento Administrativo de Segurança
DEA	Drug Enforcement Administration
ELN	Exército de Libertação Nacional
EP	Ejército del Pueblo
EPL	Exército Popular de Libertação
EZLN	Ejército Zapatista de Liberación Nacional
Farc	Forças Armadas Revolucionárias da Colômbia
FBI	Federal Bureau of Investigation
Fedecafe	Federação Nacional de Produtores de Café
Fedegan	Federación de Ganaderos
Fenalco	Federação Nacional dos Comerciantes
FMI	Fundo Monetário Internacional
FMLN	Frente de Libertação Nacional Farabundo Martí
FSLN	Frente Sandinista de Libertação Nacional
Incora	Instituto Colombiano de Reforma Agrária
MAS	Muerte a Secuestadores

MRL	Movimento Revolucionário Liberal
ONU	Organização das Nações Unidas
Otan	Organização do Tratado do Atlântico Norte
PLC	Partido Liberal Colombiano
PCC	Partido Comunista Colombiano
PC-ML	Partido Comunista Marxista-Leninista
PRT	Partido Revolucionário de los Trabajadores
PSD	Partido Social Democrata
PSR	Partido Socialista Revolucionário
URNG	União Revolucionária Nacional Guatemalteca
SAC	Sociedade de Agricultores da Colômbia
UCT	União dos Trabalhadores da Colômbia
Unir	Unión Nacional de la Izquierda Revolucionaria
UP	União Patriota
USO	Unión Sindical Obrera de la Industria del Petróleo

"Não há revolução sem contrarrevolução."

Alberto Lleras Camargo

Prólogo

Este livro é o produto de um encantamento. O encantamento com a Colômbia deste jovem investigador americano que divide suas preocupações investigativas entre a Colômbia de Álvaro Uribe e a Bolívia de Evo Morales.

A dívida intelectual que consegui rastrear na breve correspondência que mantive com o autor determina em grande medida a sua perspectiva. Formado na escola da história social britânica (E. Hobsbawm, E. P. Thompson, Christopher Hill), renovado com os estudos subordinados dos orientalistas (Ranajit Guha, Partha Chatterjee) e com o olhar crítico do intelectual e militante pró-palestino Edward W. Said, o encantamento de Forrest Hylton o levou a buscar a lógica ou, se preferirmos, a crítica da razão do conflito na Colômbia. Por fim, e certamente apesar do seu espírito combativo, a pesquisa deixou-lhe a sensação de que a história colombiana está dominada por um insuperável movimento pendular que oscila entre a irrupção do protesto e a demanda radical-popular, e a subsequente onda de repressão, cuja resposta inevitável é, por sua vez, a rebelião armada. Essa rebelião armada se traduz, por meio da recorrência, no que o autor chama de hipertrofia militar da resistência popular. Esse é pelo menos um dos nós que este livro, denso e militante, tenta desatar.

O livro, repito, é produto de um encantamento, mas é também produto de um desencanto: o desencanto do autor com os *desenfoques* da violência que foram se generalizando e segundo os quais ela não tem nada a ver com a situação socioeconômica, com o fechamento ou com as restrições do sistema político, ou com a pobreza diariamente revelada pelas estatísticas comparadas. Desprovidos de qualquer explicação, fomos ficando mudos diante de uma espécie de entronização do que poderíamos chamar de imaterialidade da violência. O texto é um desmentido declarado, uma resposta enfática a esses esvaziamentos de razões e sentidos, é uma busca clara da substância do conflito colombiano.

Este livro está organizado em torno de três elementos ou blocos temáticos que se destacam no longo tempo transcorrido.

O primeiro elemento refere-se à forma específica de construção da ordem política, no decorrer do século XIX, caracterizada pela debilidade do Estado, a centralidade dos partidos e a fragmentação das elites, em cujas hegemonias não resolvidas se encontram uma das principais razões das guerras civis crônicas. Na verdade, as elites estão tão fragmentadas como a topografia do país. Mas dessa fragmentação também não escapam as forças contestatórias, sejam elas os sindicatos, as organizações camponesas, as guerrilhas ou as frentes políticas. Nesse contexto, a "democracia oligárquica" e bipartidária foi mantida com violência, mas sem os sobressaltos institucionais que em outros países produziram os populismos, as revoluções sociais agrárias ou as ditaduras. Mais ainda, o republicanismo radical popular, que teve um início vigoroso e promissor entre 1849 e 1854, e que, segundo o autor, colocou a Colômbia na vanguarda do reformismo liberal e da mobilização política republicana no mundo Atlântico, foi desarticulado primeiro com a Regeneração no final do século XIX e novamente em meados do século XX, com *La Violencia*. Além disso, e em contraste com uma tradição que deu atenção particular às filiações ideológicas, Forrest Hylton, sem descartá-las, volta mais seu interesse às práticas, aos rituais e à política cotidiana daqueles que estão em uma posição social inferior (indígenas, artesãos, afro-colombianos, colonos e comunidades camponesas), o que imprime um selo especialmente dinâmico aos cenários mutantes que descreve e analisa neste substancioso texto.

O segundo eixo temático refere-se à dinâmica da ordem social, que também desde o século XIX gira em torno das lutas pela terra, dos processos de colonização e de migração intrarrural ou rural urbana e dos infrutíferos esforços de ruptura dos camponeses com as redes clientelistas. Depois de repetidos altos e baixos de reforma e violência, essa arquitetura social culmina na virada do milênio com a esmagadora contrarreforma agrária – uma refeudalização moderna do campo por parte dos paramilitares e narcotraficantes, que não é apenas a expropriação e a concentração da propriedade, mas a reversão dos limitados processos de democratização rural das décadas precedentes e a reconfiguração das hegemonias e das exclusões em um grande número de departamentos, as divisões territoriais da Colômbia.

O terceiro núcleo argumentativo indaga sobre os modos de estruturação do poder e da violência, desde os anos de 1950 até a época atual, em um cenário de competição entre a soberania limitada do Estado e as pretensões de soberania concorrente de insurgência e contrainsurgência, concorrência cujo resultado de maior vulto é a privatização dos poderes de coerção.

Naturalmente, essa privatização, bastante descentralizada, trouxe outras sequelas: obscureceu as fronteiras entre civis e combatentes, muito antes de Michael Ignatief, em seu brilhante *The Warrior's Honour* [A Honra do Guerreiro], ter constatado como uma das características das guerras contemporâneas. Nesse terreno, estabeleceram funesta doutrina na Colômbia presidentes como Laureano Gómez, nos anos de 1950, e Turbay Ayala, com seu Estatuto de Segurança, no final da década de 1970, cujo sabor de Guerra Fria encontra eco ainda hoje sob a fórmula da Segurança Democrática do presidente Álvaro Uribe Vélez. A partir daí, os momentos são distinguíveis, mas há algo em comum a todos esses regimes, incluindo o atual: manifestam irreprimível repugnância por ideias, como a de "resistência civil", "comunidades ou territórios de paz", "neutralidade indígena", e em geral todo esforço de deslinde das Forças Armadas. A população é vista como prolongamento do exército ou como prolongamento da insurgência.

Fazendo eco a esta constatação de Hobsbawm: "Descobri um país em que a impossibilidade de fazer uma revolução social fez da violência a essência constante, universal e onipresente da vida pública", talvez se possa dizer que, para o autor de *La*

Mala Hora en Colombia, a história do país foi uma história de contenção obstinada de uma profunda demanda de revolução social. Uma revolução social derrotada, primeiro pela regeneração na era do capital, ao término do século XIX; abortada depois da Segunda Guerra Mundial e especialmente durante *La Violencia* dos anos de 1950; e, por fim, truncada com o colapso da União Soviética, a crise do socialismo real e as involuções do ciclo revolucionário na América Central, com breves centelhas reformistas entre um e outro ciclo.

As consequências dessa trajetória histórica são naturalmente duradouras. A mentalidade de um país que passou por uma revolução, ainda que esta tenha sido interrompida (o caso do México ou da Nicarágua), não é a mesma que a de um país que se mostrou incapaz de realizá-la. No primeiro, o exercício do poder popular, embora transitório, deixou uma enorme confiança na capacidade transformadora da ação coletiva, enquanto no segundo, o caso da Colômbia, acentuou-se um profundo pessimismo diante da possibilidade de mudança radical. Isso explicaria também por que na Colômbia a memória como trauma tem tanto peso sobre a memória como celebração heroica.

É claro que essa não é uma evidência pura e simples. Tal singularidade só se torna compreensível no marco de uma cuidadosa reflexão histórica. O "onde estamos" só se esclarece na medida em que conseguimos estabelecer os determinantes estruturais, ou seja, o "de onde viemos". É verdade que ao longo do século XIX a Colômbia era representativa das inúmeras guerras civis que agitaram o subcontinente. No entanto, enquanto para a maioria dos países latino-americanos no século XX as guerras civis converteram-se em anacronismo e abriram-se para experiências de incorporação social e política, sob a fórmula do populismo (Vargas no Brasil, Perón na Argentina), a Colômbia teria de sofrer essa prolongada guerra civil não declarada, chamada *La Violencia*, definida por Eric Hobsbawm como uma complexa "revolução frustrada". O país deixou então de ser representativo e tornou-se cada vez mais em excepcional no contexto da política latino-americana.

Assinalando essa singularidade, este livro é, portanto, uma viagem ao descobrimento da excepcionalidade colombiana, uma excepcionalidade apenas compreensível – segundo o autor – no contexto da história global da América Latina e das relações da Colômbia com os Estados Unidos e com o capitalismo ocidental.

Gonzalo Sánchez Gómez
Professor Emérito de História da Universidade
Nacional da Colômbia
Diretor da Comissão de Memória Histórica
Comissão Nacional de Reparação e Reconciliação (CNRR)

Introdução: Recordando a Colômbia

> O esquecimento é um elemento fundamental do sistema,
> assim como da história colombiana. É um fator de poder.
>
> Jacques Gilard,
> *Veinte y cuarenta años de algo peor que la soledad*, 1988

Contexto

No final de 2005, cerca de trezentos representantes de reservas indígenas e comunidades afro-colombianas reuniram-se em Quibdó, capital do departamento colombiano de Chocó, com o propósito de delinear estratégias para sobreviver em uma guerra em que eles – ou, antes, as comunidades que representam e seu modo coletivo e não liberal de administrar os recursos e o território – são alvo. De acordo com a Constituição colombiana de 1991, considerada uma das mais progressistas do mundo, os indígenas têm direito à autonomia e à formação de *cabildos*, os quais funcionam de maneira independente do governo local, o que inclui o manejo coletivo da terra e a autodeterminação, tanto política quanto cultural. Em 1993, segundo a Lei nº 70, os afro-colombianos asseguraram direitos semelhantes àqueles consagrados na Constituição para os povos indígenas: títulos de terra coletivos administrados por conselhos comunais. Tanto os afro-colombianos como os povos indígenas conseguiram sua cidadania e construíram comunidades democráticas sobre tradições não liberais. Se não fosse pelo triunfo da direita narcoparamilitar nas regiões e no nível nacional no século XXI, tais comunidades poderiam servir como núcleos do que o falecido sociólogo colombiano Orlando Fals Borda chamava de *el socialismo raizal*.

Em um país de esmagadora maioria mestiça, em que o discurso da mestiçagem desempenhou um papel fundamental na construção e reelaboração do nacionalismo colombiano ao longo dos séculos XIX e XX, esses grupos têm vivido sob o risco de extinção. Como parte de um movimento social mais amplo que luta para consolidar sua presença no cenário nacional e baseando-se nos direitos existentes conquistados por meio de processos de organização que começaram nos anos de 1970 e culminaram na Assembleia Constituinte de 1991, delegados indígenas e afro-colombianos redigiram quatro cartas que apresentavam o *dramatis personae* e explicavam resumidamente os temas mais importantes da fase atual do conflito colombiano, que vem se desenvolvendo ao longo dos últimos sessenta anos. Mais de uma década depois da conquista da cidadania, o departamento de Chocó ainda tinha as mais altas taxas de pobreza e mortalidade infantil em um país em que mais da metade da população vive na pobreza, sobretudo no campo, onde o nível chega a 85%. As comunidades e as reservas foram usurpadas pela ação de três grupos: as insurgências armadas de esquerda, os contrainsurgentes narcoparamilitares e as Forças Armadas colombianas em conjunto com a Polícia Nacional – estas últimas com apoio do governo dos Estados Unidos, o qual supera em muito a assistência dada às forças armadas de qualquer outro país, exceto Egito, Israel, Iraque e Afeganistão.

As comunidades representadas na 7ª Conferência da Solidariedade Interétnica esboçaram uma visão dos conceitos de "identidade, território, cultura, autonomia e independência" diferente daquela mantida pelos grupos que ameaçam sua existência por meio da "expropriação violenta". Aos integrantes do Exército de Libertação Nacional (ELN) – a menor insurgência do país e que tem estado em grande medida ausente da região há muito tempo –, as comunidades pediram respeito pela autonomia política e a soberania territorial: "Reiteramo-lhes que não devem permanecer nos territórios das comunidades negras nem nas reservas indígenas". A organização foi fundada em meados da década de 1960 e, a partir dos anos de 1980, fincou fortes raízes nas regiões petroleiras do norte do país e nos enclaves de exportações multinacionais (de carvão, ouro e esmeraldas), que contava com cerca de 3,5 mil a 4 mil combatentes até 2002. Diferentemente da maioria das áreas onde o grupo tem operado, sua presença em Chocó é recente. A repressão estatal e especialmente paramilitar contra a limitada base de apoio do ELN debilitou-o ou derrotou-o nas áreas rurais, as quais dominaram por muito tempo. Todas as suas milícias urbanas foram dizimadas. Por isso, em 2005, tiveram início conversas preliminares para um processo de paz com o governo de Álvaro Uribe Vélez, processo que foi concluído em 2007.

Às Forças Armadas Revolucionárias da Colômbia (Farc) foi pedido que se mantivessem à margem das deliberações dos *cabildos* indígenas e dos conselhos comunais afro-colombianos. As Farc foram formadas em meados da década de 1960 e até 2002 contavam com cerca de 18 mil a 22 mil combatentes em suas fileiras. Em meados dos anos de 1990, estavam presentes em mais da metade de todos os municípios colombianos, com grande poder na selva, nas planícies e nas zonas de fronteira pouco povoadas do sul e do sudeste. No final dessa mesma década, as Farc e o ELN influenciaram na política de mais de 90% dos municípios da fronteira. Na carta dirigida às Farc, lançaram-se duras críticas por sua "intromissão" nos Conselhos Comunitários e nos Cabildos Indígenas. A carta afirma que as Farc:

> [...] comprometem a autonomia, impedem o livre desenvolvimento das atividades cotidianas, servem de pretexto para a ausência de investimento social que o Estado deve realizar, impedem a aplicação dos regulamentos internos e afetam a nossa própria segurança [...] as Farc estigmatizam nossa gente com acusações infundadas que não podem ser desmentidas e criam um manto de suspeita sobre quem transita entre as zonas rurais e as periferias municipais, como supostos informantes do Exército.[1]

---

1 No en nuestros territorios. 15 nov. 2005. Disponível em: www.codhes.co.

Embora sejam fatos representativos da degradação do conflito armado na Colômbia, os ataques insurgentes e a intimidação a comunidades afro-colombianas e reservas indígenas não se comparam à quantidade de violações aos direitos humanos cometidas pela organização paramilitar Autodefesas Unidas da Colômbia (AUC). Durante o Plano Colômbia (2000-2005), financiado pelos Estados Unidos, esse número passou de 65% para aproximadamente 80% do total.

Embora as guerrilhas façam uso de táticas terroristas, como a utilização de bombas, o sequestro, o assassinato seletivo e a extorsão, estas não podem ser qualificadas como "terroristas". Responsabilizar as guerrilhas pela maioria dos problemas do país, algo comum em alguns círculos acadêmicos e nos meios de comunicação, é colocar a história ao contrário, pois assim se negligencia o fato de que durante toda a vida republicana e nacional da Colômbia o terror estatal forneceu o oxigênio sem o qual o terror insurgente, nas palavras do historiador Mike Davis, "não poderia arder por muito tempo" (Wiener, 2003).

Diferentemente da insurgência de esquerda, o domínio paramilitar esteve intimamente vinculado à política oficial, o que se evidencia em maior grau na zona de Antioquia, terra natal do presidente Álvaro Uribe Vélez, assim como nos Santanderes, no eixo cafeeiro e na costa atlântica. A melhor definição de paramilitares é a dos exércitos privados, que, segundo o escritor colombiano Antonio Caballero:

> Sem ser militares, colaboram com os militares ou desempenham tarefas que deveriam ser realizadas pelos próprios militares, como combater as guerrilhas. Ou, mais exata e rigorosamente, ocupam-se dos trabalhos sujos e inapresentáveis desta luta: a matança dos suspeitos de colaborar com a guerrilha ("paraguerrilheiros") e o deslocamento em massa da população civil e desarmada que pode servir à guerrilha como "água para o peixe", segundo a metáfora maoísta (Caballero, 2006).

Finalmente, no documento das comunidades mencionado, foi lembrado ao presidente Uribe que, depois de as comunidades terem denunciado o aumento dos cultivos de coca e do tráfico de drogas na região desde 2003, sob o amparo paramilitar, o governo cruzou os braços. Além de assinalar coletivamente territórios ocupados para a "expropriação violenta" sob pretexto de combater o tráfico de drogas, suas ações foram nulas. Também lhe foi feito um apelo para cumprir os seus deveres como governo e, recordando sua denúncia sobre a coordenação paramilitar e militar em 2004, os integrantes da comunidade divulgaram um documento contra a aplicação do modelo neoliberal de exportação agrícola que, segundo eles, colocara em risco seus títulos coletivos, o ecossistema, a cultura agrícola e os cultivos tradicionais. A economia de enclave agravava a crise alimentar e implicava um longo processo de acumulação de capital que só beneficiaria os grandes investidores. Além disso, os cultivos de palma africana, longe de ser uma alternativa de prosperidade, representavam um componente da estratégia contrainsurgente que agravava o conflito no departamento de Chocó.

O documento era um protesto contra investidores, o acúmulo de capital e as economias de enclave, aspectos decisivos na integração colombiana nos circuitos de produção, consumo e distribuição dominados pelos Estados Unidos, que resultaram da virada econômica dos anos de 1970, com a qual teve início o deslocamento do café e da indústria manufatureira protegida. Os delegados mencionaram uma estratégia de contrainsurgência que, violando o Protocolo II da Convenção de Genebra, exige lealdade e colaboração por parte dos cidadãos com a polícia e as Forças Armadas, e que, como reação alternativa, ajudou a expandir as monoculturas de exportação com efeitos nocivos para o ecossistema e para os povos que o habitam.

A carta ao presidente Uribe também assinalava o domínio paramilitar sancionado pelo Estado nas regiões fronteiriças periféricas, onde o governo central nunca teve poder, e companhias petroleiras, bananeiras, auríferas e madeireiras funcionaram como fonte básica de recursos (condição necessária para a expansão e a consolidação insurgente nas décadas de 1980 e 1990). Para dar continuidade aos precedentes estabelecidos durante a época de *La Violencia* na década de 1950, o presidente Uribe começou a institucionalizar a impunidade paraestatal com o propósito de fortalecer a autoridade do governo central nas zonas de fronteira. A expropriação violenta comparava-se àquela do início da década de 1950, com 3 milhões de deslocados no século XXI, principalmente em enclaves multinacionais de exportação ou em áreas de fronteira recém-povoadas. Na maioria dos casos, essa expropriação é realizada com a desculpa de lutar contra o "inimigo interno" (Abad, 1989, p.54-79).

Embora as elites dos partidos políticos já não liderem o processo, a extrema direita paramilitar e, em menor grau, as guerrilhas insurgentes de esquerda continuam deslocando pela força os camponeses de suas terras. Por isso, os delegados da Conferência da Solidariedade Interétnica exigiram o fim da impunidade, da expropriação e do deslocamento forçado, assim como a indenização pelos crimes cometidos contra suas comunidades. Além de apoiar um plano para a reincorporação de ex-combatentes paramilitares à vida civil, a carta ao presidente Uribe advertia também que tal desmobilização poderia trazer como consequência o surgimento de "novas estruturas paramilitares". Por isso, a carta defendia o desarmamento, a desmobilização e a reincorporação à vida civil em um ambiente de respeito à verdade, à justiça, à reparação e à não repetição. Em defesa da "autonomia", pediram que isso "não fosse feito em nossos territórios e, muito menos, que a reinserção se converta em um mecanismo de expropriação de nossas terras ancestrais".

A ênfase colocada em aspectos como memória, verdade, justiça, reparação e expropriação foi uma resposta às omissões que, nesse sentido, apresenta a Lei nº 975 do presidente Uribe sobre a desmobilização paramilitar, que foi modificada por ordem da Corte Constitucional no final de 2006. Como destacou o *Human Rights Watch*, a lei nada fez para desmantelar o poder militar e "violava flagrantemente"[2] normas internacionais sobre

---

2 Human Rights Watch. Colombia: Resumen de país. Jan. 2006. Disponível em: www.hrw.org.

questões de verdade, justiça e indenização às vítimas e às suas famílias. Com sua extensa costa pacífica, sua espessa selva, sua densa rede fluvial e sua fronteira montanhosa com o Panamá, Chocó tornou-se um corredor estratégico para a contrainsurgência que, pelo menos naquele momento, derrotou as Farc. Tanto a insurgência como a contrainsurgência obrigaram as comunidades afro-colombianas e indígenas a pagar impostos e tributos, enquanto era disputado o uso do seu território para a semeadura de coca, o processamento e transporte de cocaína e o tráfico de armas. Pode-se dizer o mesmo da enorme fronteira agrícola no oriente do país, povoado em sua maior parte por mestiços.

Vale a pena repetir que os grupos contrainsurgentes trabalharam com o exército colombiano, infiltraram-se nas instituições oficiais, desmobilizaram-se sob uma lei que regulava sua impunidade e converteram-se em um para-Estado que existia ao mesmo tempo fora e dentro do Estado oficial. Entretanto, até 2002 os insurgentes lutaram para derrubar o Estado colombiano, pelo menos teoricamente, chegando a controlar mais de 40% do território nacional. Enquanto as Forças Armadas e a Polícia Nacional recebiam mais apoios do governo norte-americano na luta contra a insurgência, mais forte se tornava o para-Estado de direita. Sem dúvida, essa foi uma das consequências mais graves de uma política contrainsurgente traçada para fortalecer um Estado fraco.

Segundo dados de 2007, a guerra civil colombiana trouxe como consequência o maior deslocamento interno de população no mundo, uma vez que os afro-colombianos e os povos indígenas representam uma porcentagem muito alta da população colombiana. Sendo o terceiro país em tamanho da região, a Colômbia tem a segunda maior população de afro-descendentes da América Latina, embora muitos deles se identifiquem mais pela região do que pela raça.

A Conferência da Solidariedade Interétnica exortou todas as partes a buscar uma saída política e negociada para o conflito, em oposição a uma solução militar, e ofereceu uma visão de paz, segurança, democracia, justiça e, principalmente, verdade, diferente daquela oferecida pelo Estado, pela direita paraestatal e pela insurgência de esquerda. Algumas formas comunitárias de democracia não liberal e de cidadania, vinculadas a um novo movimento eleitoral de esquerda, representam um avanço; mas mesmo levando em consideração suas múltiplas fragilidades internas, o caminho é dificultado pelas violentas restrições tanto do sistema político quanto do modelo econômico neoliberal reinante.

Objetivo

Embora a guerra civil na Colômbia tenha sido uma das mais longas e violentas, muitas vezes não se leva em conta seu fundamento histórico. Considerado o país latino-americano menos compreendido e estudado nos Estados Unidos, ganhou seu espaço no mapa dos planejadores da contrainsurgência do século XXI. Se considerarmos a proximidade geográfica entre a Colômbia e os Estados Unidos, assim como a amplitude e a profundidade do compromisso militar entre ambos ao longo da Guerra Fria, o silêncio relativo demonstrado pela academia e o debate público só pode despertar inquietações.

Com o propósito de vincular e esclarecer o passado e o presente, este livro se baseou quase totalmente no trabalho de outros investigadores destacados, particularmente historiadores e cientistas sociais, assim como jornalistas e ativistas dos direitos humanos. A bibliografia existente sobre o período contemporâneo em geral contém um capítulo sobre a história da violência política na Colômbia; entretanto, é necessária uma perspectiva histórica mais profunda para compreender o momento atual. Não obstante, as sínteses históricas existentes descartam movimentos populares radicais como tema central, enfatizando, em vez disso, as ações das elites, os dois partidos políticos que estas dominaram e o surgimento do Estado-nação.

Este livro tenta corrigir essa falha na literatura sobre o tema. É verdade que, em proporção à progressiva hipertrofia das insurgências armadas de esquerda, a mobilização popular radical na Colômbia tem sido comparativamente fraca e fragmentada, pelo menos desde a década de 1950. Mas nem sempre foi assim. Os movimentos populares radicais marcaram a história colombiana com efeitos duradouros em conjunturas específicas. Uma compreensão da sua história nos dá uma visão mais completa do Estado-nação, dos partidos e da formação da classe dominante. Também ajuda a explicar os níveis extraordinariamente altos da violência política na Colômbia, o que a conduziu por um rumo diferente e mais sangrento do que o dos países vizinhos durante a Guerra Fria, considerada a era mais obscura do terror político na América Latina desde a conquista. Enquanto os movimentos populares radicais e os partidos eleitorais social-democratas chegavam ao poder em toda a América do Sul no início do século XXI, na Colômbia a violência representa, segundo o historiador Gonzalo Sánchez, "uma invasão progressiva de cada vez mais espaços das esferas pública e privada", tornando-se o "fator ordenador-desordenador da política, da sociedade e da economia" (2004).

A principal afirmação deste livro é que, para compreender a guerra civil colombiana hoje, é necessário apreciar as múltiplas camadas dos conflitos anteriores e o peso acumulado das contradições não resolvidas. O passado e o presente se "iluminam reciprocamente", nas palavras do historiador francês Fernand Braudel, e indicam o perigo, no caso colombiano, de repetir o trauma político e coletivo. O conflito contemporâneo na Colômbia reflete o passado, com importantes transferências de propriedade e terra para os mais ricos e poderosos, além de uma amnésia oficial em relação aos crimes de guerra – decretados em nome da "paz" e da "reconciliação nacional". Por essas razões, situo no cenário central os debates atuais sobre memória, verdade, justiça e reparações às vítimas. Como nos recorda uma especialista no tema do terror estatal na América Latina, Elizabeth Jelin (2003), "a recuperação começa com a memória", e este livro apresenta-se como parte da luta para recuperar e preservar a memória de uma tragédia cuja magnitude é impossível de compreender. Um efeito de longo prazo do terror político na Colômbia e em outras partes do mundo tem sido apagar a lembrança das alternativas políticas às quais o terror respondeu.

Temas

Nas altas esferas políticas em Washington e Bogotá, argumenta-se com frequência que a Colômbia sofre de uma cultura da violência, como se os colombianos tivessem uma propensão inata para matar uns aos outros. Como comumente se considera, essa é uma explicação histórica e tautológica do porquê de a política colombiana ser caracterizada por altos níveis de terror, em contraste com seus países vizinhos, os quais desfrutam de governos de centro-esquerda e de várias formas de mobilização popular. Essa consideração negligencia o fato de que, até o final do século XIX, a Colômbia, ao contrário do Brasil, do México, do Chile e da Argentina, era definida, segundo o historiador Jaime Sanders, "não por sua violência maciça, mas pela ausência dela" (2004). Seja ao considerar as comparações com outros países da região ou a diferença entre os séculos XIX e XX, em geral os investigadores advertem sobre o erro de se interpretar a violência do final do século XX como o resultado lógico dos padrões do século XIX. As provas históricas são insuficientes para respaldar a ideia de que uma "cultura de violência" explica a política colombiana.

Para explicar o rumo incomum da Colômbia, duas versões clássicas da história comparativa latino-americana enfatizam a durabilidade da democracia oligárquica, institucionalizada em dois partidos políticos. Mais recentemente, a ideia de "oligarquia" foi submetida a críticas céticas, embora esta ainda seja útil para se compreender a violência na Colômbia em relação a uma ordem política excludente. Podemos definir a oligarquia como um grupo quase corporativo, no qual a maioria de seus membros desfruta de privilégios fundamentados em sua ascendência e em algo parecido com a camada social, complementados pelo surgimento de novos elementos, principalmente da classe média e, ocasionalmente, das classes operária e camponesa. Com eleições presidenciais celebradas pontualmente a cada quatro anos, a democracia oligárquica colombiana conta com o sistema bipartidário mais antigo do mundo: na verdade, a diarquia conservadora-liberal sobreviveu quase 150 anos, mantendo-se aparentemente intacta até o século XXI, apesar das eleições legislativas controladas pela representação proporcional.

Depois de 1848, quando se estabeleceu o domínio liberal e conservador, nenhuma fração da oligarquia unia em um projeto hegemônico as classes dirigentes perante os grupos subordinados; nenhuma podia representar seus interesses como os da nação. Embora isso fosse comum na Europa e na América Latina no século XIX, na Colômbia durou até o século XXI. Por conseguinte, as elites foram obrigadas a estabelecer pactos políticos com grupos subordinados que não realizaram rituais públicos de respeito e muito menos assimilaram as normas e os valores de seus governantes. Ao contrário, esses grupos exigiram e lutaram pela igualdade; mas, em vez da hegemonia capitalista burguesa, baseada na liderança moral e intelectual, o clientelismo católico autoritário, financiado pelo aumento dos capitais com a exportação de café e pelo Partido Conservador, dominou por um período de cinquenta anos depois de 1880 e anulou a onda de mobilização radical que havia caracterizado a Colômbia durante a "Era do Capital" (1848-1875).

O revanchismo e o grau de desenvolvimento tecnológico crescente se complementaram durante o *boom* de exportação de café na Era do Capital na Colômbia, que, em vez de conduzir a uma expansão da autoridade do governo central, fortaleceu os dois partidos políticos em um país geograficamente fragmentado, onde as oligarquias latifundiárias mantiveram a supremacia regional e local perante os futuros desafios. Em minha opinião, o pouco alcance do governo central, a influência dos dois partidos, o acentuado regionalismo fundamentado na posse da terra e a desunião da classe dominante foram constantes na história republicana da Colômbia.

À medida que a fronteira cafeeira se estabelecia no final do século XIX e início do século XX, setores camponeses identificados com o progresso capitalista e com a mestiçagem asseguraram seus direitos de propriedade e incorporação política a um dos dois partidos por meio de redes de financiamento e clientelismo. A maioria, composta de camponeses mestiços, assim como as minorias afro-colombianas e indígenas, tinha direitos de propriedade precários e uma incorporação partidária limitada; além disso, vivia sob ameaça de violência e/ou expropriação. Quando as reformas iniciadas de cima coincidiram com a mobilização dos de baixo, na década de 1860 e novamente nos anos de 1930, os latifundiários reagiram incitando seus clientes a proteger seus privilégios, seu monopólio político e o controle sobre sua propriedade. Esses movimentos de contrarreforma, assim como os movimentos populares radicais aos quais responderam, eram organizados nos âmbitos local e regional, o que refletia a natureza fragmentada e principalmente rural da riqueza dos latifundiários, do poder político e da autoridade na Colômbia até o início da década de 1950.

O contraste entre a Colômbia e o resto da América Latina nas décadas de 1930 e 1940 não podia ser mais marcante: o México com Cárdenas, a Argentina com Perón, o Brasil com Vargas, a Bolívia com Toro e Busch ou, como se mostra em estudos recentes, Cuba com Batista, a República Dominicana com Trujillo e a Nicarágua com Somoza. Ou seja, o populismo foi um triunfo completo que, como forma de política que incluía os excluídos das repúblicas oligárquicas, antecipava-se à ameaça, verdadeira ou imaginada, de uma revolução social. Embora a classe média e os segmentos das velhas oligarquias pudessem ter se beneficiado mais que outros grupos, a classe operária e a classe camponesa obtiveram mais e melhores benefícios do que os que haviam conseguido até então.

Entretanto, na Colômbia o populismo foi vencido nas décadas de 1930 e 1940 e, quando levantou novamente a cabeça nas décadas de 1970 e 1980, foi decapitado pelo terror estatal e paraestatal. Ironicamente, isso só conseguiu debilitar mais ainda a frágil legitimidade do governo central e reforçou, pelo menos militar e territorialmente, as guerrilhas de esquerda e a contrainsurgência direitista. Os estudiosos do tema acreditam, por consenso, que isso torna singular a situação da Colômbia. De minha parte, afirmo que quando o governo central tentou fazer a reforma agrária sob a pressão dos movimentos populares radicais, esta foi obstruída e a contrarreforma se fortaleceu nas regiões e nos municípios. Como a guerra sectária se estendeu nas décadas de 1940 e 1950, centenas de milhares de famílias camponesas mestiças deslocadas colonizaram fronteiras agrárias em regiões de terras baixas, escassamente povoadas por grupos indígenas, ou se assentaram nas periferias urbanas de numerosas cidades médias colombianas, em zonas afastadas do epicentro de autoridade do governo central.

O governo central deu poderes à repressão, em primeiro lugar com uma guerra sectária entre os dois partidos e depois pela contrainsurgência da Guerra Fria, quando enfrentou os desafios insurgentes. Os dois mecanismos de repressão do protesto, a organização e a mobilização social, foram moeda comum durante os regimes de terror estatal contrainsurgente que tiveram início na Guatemala, em 1954, e continuaram no Brasil e na Bolívia, em 1964, até se estender por todo o Cone Sul na década de 1970. Como em muitos lugares do mundo depois da Segunda Guerra Mundial, os mecenas do governo dos Estados Unidos mantinham, segundo o historiador Greg Grandin (2004), "certa distância sem deixar de se envolver" na América Latina, e "o terror contrarrevolucionário estava intrincadamente relacionado com o império".

Mesmo assim, dois traços caracterizaram particularmente o terror de Estado na Colômbia. Em primeiro lugar, alguns segmentos da classe camponesa, vinculados às elites por intermédio da classe média e que sonhavam em adquirir propriedade, afugentaram da região outros segmentos de sua mesma classe por meio do desenvolvimento do terror, da desocupação e da expropriação – algo mais ou menos análogo ao que Marx chamou de "a acumulação primitiva" de capital no campo inglês, mas com o elemento distintivo, no caso colombiano, de violência partidária, insurgente ou paramilitar entre a própria classe camponesa. Em segundo lugar, com o tempo as organizações paramilitares obtiveram uma relativa autonomia do Estado, convertendo-se em um para-Estado. Isso concentrou a terra em um número cada vez menor de mãos, inclusive com a redistribuição de uma pequena quantidade dela entre um seleto número de clientes subalternos. As cidades cresceram com os assentamentos de fronteiras agrárias abertas, onde se replicou a dinâmica anterior do conflito. No transcurso de cinquenta anos, os colombianos deixaram de ser uma sociedade em que dois terços da população viviam do campo e no campo – patrão e camponês; *criollo*, mestiço, mulato, índio e negro – e passaram a ser uma sociedade onde dois terços habitam as cidades.

Embora a Colômbia tenha se convertido em uma sociedade que gira em torno de uma rede de cidades conectadas pelo ar e por terra, os latifundiários conservam o domínio político em muitas regiões e localidades. A política colombiana pode ser vista como um sistema parlamentar semiautoritário em que os latifundiários, em vez de entrar em conflito com grupos emergentes de industriais e comerciantes, fundiram-se a eles. A atividade comercial, caracterizada por uma divisão pouco clara entre o lícito e o ilícito, proporcionou continuamente à oligarquia iniciativas novas vindas de fora, quando setores de mobilidade social ascendente tentaram e conseguiram fazer parte da oligarquia por meio de iniciativas empresariais violentas e impiedosas.

As novas elites comerciais e manufatureiras relacionadas com o negócio de exportação de café se uniram à oligarquia latifundiária, no final do século XIX, o que, em vez de enfraquecer o poder do sistema latifundiário dentro da oligarquia, reforçou-o. A aliança reacionária caracterizou a república cafeeira sob o domínio conservador depois da Guerra dos Mil Dias, terminada em 1903; sobreviveu intacta ao desafio *gaitanista* na década de 1940; proporcionou as bases para as políticas da Frente Nacional durante a década de 1980; e, graças à guerra do governo norte-americano contra as drogas, assumiu novas dimensões com o aumento constante do negócio da cocaína na década de 1990. O narcotráfico investiu nos setores de construção, comunicação e serviços; suas importações de contrabando eram vendidas a preços mais baixos que os da indústria nacional. Sendo *latifundiárias*, as elites possuíam a maior parte das melhores terras e dos imóveis urbanos do país. Arraigado nessas formas excludentes de posse da terra, o poder político continuou se dispersando de um centro frágil para as regiões periféricas, em especial nas áreas de fronteira mais distante do alcance do Estado.

O "déficit crônico" do Estado colombiano é bem conhecido entre os investigadores e aqueles que vivem em meio ao conflito. Especialistas e atores sociais com opiniões opostas sobre a política colombiana concordam que o Estado colombiano é débil e sua autoridade, frágil. Em qualquer interpretação sobre a violência na Colômbia, a fragilidade da presença estatal deve ser classificada como um dos principais fatores que explicam a força da insurgência e do paramilitarismo. A soberania sempre esteve circunscrita e fragmentada regionalmente. O governo central nunca monopolizou legitimamente a força nem administrou a maioria do território sob sua jurisdição. Isso trouxe como resultado um longo período de conflito entre facções da elite que culminou em guerra civil no final do século XIX e na primeira metade do século XX.

Entretanto, próximo ao fim da década de 1950, o domínio bipartidário sobre a representação política formal foi mantido, graças a um compromisso compartilhado com a economia de mercado na qual o Estado desempenhava um papel limitado. O anticomunismo da Guerra Fria, por sua vez, cimentou a união dos dois partidos durante a Frente Nacional. A riqueza, especialmente no que se refere à propriedade da terra, manteve-se fortemente concentrada e sua distribuição foi bastante desigual, embora um período de crescimento econômico sustentado, fundamentado na exportação de café e na manufatura para o mercado interno, tenha ampliado a classe média urbana e provincial em cidades e municípios durante a década de 1960. O consenso da elite sem hegemonia absorveu segmentos de grupos subordinados por meio de redes de financiamento e clientelismo, incorporando-se cada vez mais a essa ordem uma nova classe média, assim como subalternos das classes camponesa e operária. Mas, com a criminalização do protesto, da dissidência e da própria pobreza reproduzida pelas políticas econômicas governamentais, a Frente Nacional excluiu a maioria do campo e das periferias urbanas.

A contrainsurgência da Frente Nacional estimulou o crescimento da insurgência de esquerda. Foi assim que, nas décadas de 1970 e 1980, as áreas rurais e as urbanas recém-colonizadas e sem presença estatal se converteram em terreno fértil para os movimentos eleitorais de esquerda com alcance nacional, multiétnicos e de distintas classes sociais, nos quais as guerrilhas tinham influência. Como esses movimentos (ou partidos) eram liderados por insurgentes de esquerda que procuravam abrir o sistema político ou derrubá-lo, as milícias dos latifundiários – com o apoio de uma nova facção da classe governante de empresários da cocaína – lutaram para proteger o direito à propriedade privada da ameaça "subversiva", liquidando a esquerda civil.

Criadas como auxiliares do exército e das forças policiais do Estado, que eram incapazes de colocar um ponto final na propagação da insurgência, no início do século XXI as organizações paramilitares estavam prontas para se converter nos novos governantes das regiões. Segundo o sociólogo Barrington Moore Jr. (1969), foi um "gangsterismo que se converteu em sociedade". As organizações paramilitares evoluíram em um para-Estado, penetrando nos partidos políticos e também nas agências governamentais, desde a Corte Constitucional até os serviços de inteligência, nominalmente sob o controle presidencial. Em muitas regiões, as organizações paramilitares administraram o território e monopolizaram as instituições públicas. As insurgências, por sua vez, passaram a funcionar como pequenos Estados tributários, cobrando impostos dos traficantes de cocaína, de empresas extrativas transnacionais e dos abastados, assim como dos habitantes de suas "zonas". Os regimes de "soberania parcelada" (Perry Anderson, 1974, p.148) e de "paz fragmentada" (Gonzalo Sánchez, 2004, p.58) culminaram em uma crise internacional humanitária que transpôs as fronteiras nacionais e ameaçou a soberania dos Estados vizinhos. Esses são, portanto, em resumo, os principais traços da história e da política de um país que se converteu no mais firme aliado do governo dos Estados Unidos no hemisfério ocidental, além do principal receptor de sua ajuda militar.

1. Republicanismo radical e popular
(1848-1880)

> Devemos ser tratados como cidadãos de uma
> república e não como escravos de um sultão.
> Os remadores afro-colombianos de Dagua, 1878

A diferenciação geográfica extrema sempre foi um fator inevitável na política colombiana e permitiu que as elites assegurassem o seu poder em relação a terras, cargos políticos e participação no mercado nos âmbitos regional e local. O país é dividido por três grandes cordilheiras que se abrem em forma de leque a partir do sul e que, por sua vez, estão divididas pelos rios Cauca e Magdalena. Rumo ao sudeste, há uma grande extensão de terras baixas tropicais que cortam o Equador, entrecruzadas por inúmeros rios que desembocam nas bacias do Orenoco e do Amazonas. Ao norte e a oeste, estendem-se as costas do Caribe e do Pacífico e a selva impenetrável do istmo do Panamá, enquanto nos departamentos de Arauca e Norte de Santander, na fronteira com a Venezuela, encontram-se as principais reservas de petróleo do país.

A maioria da população esteve sempre concentrada nas regiões montanhosas subtropicais mais frias. Bogotá, situada a 2,6 mil metros acima do nível do mar, tem temperatura média de 14 °C. Mas as cidades estiveram durante séculos separadas por caminhos tortuosos e montanhas intransitáveis, tal como permaneceram para os camponeses nas zonas de fronteira.

A péssima conexão viária e o isolamento geográfico foram fundamentais na conformação dos grupos dirigentes. O controle militar centralizado era intrinsecamente mais difícil na Colômbia do que em seus vizinhos. Em relação ao seu contingente, o exército sempre teve cerca de um terço do tamanho dos exércitos do Peru e do Equador. Embora também não pudessem escapar à lógica da fragmentação territorial, os grupos civis e a Igreja adquiriram papéis muito mais preponderantes, como linhas de transmissão do poder, do que em qualquer outro lugar. Delegando autoridade aos dirigentes partidários locais, os latifundiários, os comerciantes e os advogados de Bogotá ajudaram a intensificar, em vez de mitigar, as divisões e as desigualdades regionais.

A cidadania da Colômbia no final do século XIX e início do século XX não adotou um sentido de pertencimento comum com a nação representada por um governo central, senão com a condição de membro exclusivo de um dos dois partidos políticos. A política, definida em termos de amigo-inimigo, foi um assunto de soma zero nas regiões e nos municípios, e as afiliações partidárias transcenderam as linhas raciais, de classe, de etnias e regiões.

Embora os dois partidos com frequência tenham derramado o sangue um do outro, persistiu o paradigma político clássico de divisão oligárquica entre conservadores e liberais, estruturado ao longo de linhas ibéricas. Característico dos novos Estados independentes latino-americanos do século XIX, esse sistema em que uma elite dominante de latifundiários, advogados e comerciantes manipulava um sufrágio restrito, em que aqueles que tinham o voto eram clientes em vez de cidadãos, dividia-se tipicamente em duas alas. Enquanto os conservadores eram antes de tudo devotos da ordem e, como seus contrapartes na Europa, da religião, e por isso mantinham uma aliança estreita com a Igreja Católica, os liberais se declaravam a favor do progresso e fundamentalmente anticlericais. Quanto ao setor econômico, embora as diferenças ocupacionais não fossem particularmente pronunciadas e muito menos decisivas, a riqueza latifundiária tendia a estar mais concentrada na ala conservadora, enquanto as fortunas comerciais estavam principalmente distribuídas entre os liberais. Além do anticlericalismo liberal, não havia maiores linhas ideológicas divergentes. A divisão civil, quase puramente sectária, estava salpicada de pronunciamentos e tomadas de poder por parte dos chefes militares rivais, em nome de um ou outro dos partidos políticos opostos – porém nem sempre com sua aprovação.

Embora o país estivesse dividido em duas grandes lealdades políticas, isso não demonstrava um padrão regional sistemático. No início da República, poucas zonas exibiram um predomínio claramente definido de um ou outro partido, com duas exceções: o litoral do Caribe era liberal, e a Antioquia era conservadora. O poder era um emaranhado de rivalidades locais em todos os níveis, comunidades ou municípios, dentro de cada região. Liberais e conservadores foram desde o início, e continuam sendo, extremamente facciosos como organizações nacionais.

Originalmente, a divisão entre liberais e conservadores tinha uma base ideológica racional na sociedade colombiana. Os liberais eram membros da elite de latifundiários e comerciantes com uma mentalidade laica, seguidores de Santander e hostis ao que se entendia como os compromissos militaristas e clericais do último período da carreira de Bolívar como Libertador. Os conservadores, que tinham vínculos mais próximos com a aristocracia colonial ou com os círculos oficiais, identificavam-se com a ordem centralizada e com a disciplina social da região. As ideias importavam nas disputas entre ambos, começando com a diretriz do governo de Santander de que o tratado de Bentham sobre legislação penal e civil fosse de estudo obrigatório na Universidade de Bogotá já em 1825 (algo inconcebível até na Inglaterra, inclusive cinquenta anos depois). A reação clerical furiosa finalmente conduziu à reintrodução dos jesuítas (que haviam sido expulsos das colônias pela monarquia espanhola em 1767) para dirigirem as escolas secundárias. Em 1850, entretanto, foram novamente expulsos.

A Colômbia estava na vanguarda da revolução liberal no mundo atlântico do século XIX, e os líderes do Partido Liberal, confiantes em sua missão histórica, estavam comprometidos com as reformas radicais. A escravidão e a pena de morte foram abolidas, o Estado e a Igreja foram separados, os foros clericais foram estabelecidos, legalizou-se o divórcio, o exército sofreu redução, e teve início o "sufrágio universal" para os homens. Nesse cenário, as comunidades indígenas, vistas como parte de um legado colonial pernicioso que devia ser superado, não encontraram espaço. A República devia estar fundada sobre as bases de pequenos proprietários minifundiários, uma visão que tinha suas raízes no pensamento de Bolívar.

Em Cauca, no sul andino do país, os afro-colombianos, indígenas e *pobladores* da fronteira provenientes de Antioquia pressionaram por seus direitos e participaram ativamente da política. A partir de 1848, desenvolveu-se uma cultura política de "regateio republicano". Os subalternos votaram nas eleições e estiveram presentes nos conselhos municipais, das sociedades democráticas, de demonstrações, boicotes, tumultos, motins e guerras civis, tornando a Colômbia uma das democracias republicanas mais participativas do mundo durante a Era do Capital (1848-1876). Na década de 1850 e início da década de 1860, em nenhum outro lugar do chamado mundo atlântico os descendentes de escravos africanos podiam votar e unir-se às Sociedades Democráticas. Em nenhum outro lugar os membros das comunidades indígenas exerceram seu direito a voto como cidadãos.

Na década de 1850, nenhuma facção de governo era suficientemente poderosa para implantar uma hegemonia regional, muito menos nacional. Cada setor que aspirava ao poder estatal tinha que, em diversos graus, forjar alianças nos âmbitos local e regional com grupos que haviam sido anteriormente privados do direito ao voto e cujas demandas incluíam o fim das desigualdades derivadas dos padrões de dominação e exploração coloniais. As elites de Cauca tinham de lidar com artesãos e trabalhadores-cidadãos-soldados rurais, tanto indígenas quanto afro-caucanos e colonizadores antioquenhos. Na Colômbia, governantes e governados não tinham um entendimento compartilhado da democracia republicana nem um compromisso conjunto com a igualdade. Enquanto para os conservadores e para muitas elites regionais liberais a democracia não devia abrir caminho para uma "república de iguais", em que reinaria a "anarquia", para os afro-caucanos a igualdade significava o fim da escravidão e do domínio dos donos de terras conservadores, assim como o acesso à propriedade da terra. Para os indígenas de Cauca, por sua vez, a igualdade significava o direito de existir como coletividade a fim de exercer a administração conjunta da terra e praticar o autogoverno da comunidade. No norte de Cauca, nos povoados de colonizadores antioquenhos, igualdade significava proteção contra os especuladores conservadores comerciantes de terras.

No fim da década de 1850, Tomás Cipriano de Mosquera, líder dos conservadores de Cauca antes de 1848 e descendente da "família real de Nueva Granada", comandou a insurgência liberal. Ao lado do clã conservador dos Arboleda, com os quais tinham vínculos estreitos, os Mosquera eram os maiores latifundiários da região. Mosquera lutou sob o comando de Bolívar e ocupou importantes postos sob os governos proto-conservadores. Contudo, em sua ação para derrubar Mariano Ospina, Mosquera desertou a fim de passar para o lado liberal e procurou aliados entre os afro-caucanos, os indígenas e os *pobladores* de Antioquia. Os liberais pediram para revogar as odiadas leis de *vagancia* [leis de vadiagem] e a pena de morte, ao mesmo tempo em que exigiram a suspensão da ofensiva contra as reservas indígenas. Reconheceram os autogovernos das comunidades por meio da Lei nº 90 de 1859, protegeram os *pobladores* antioquenhos dos especuladores (com os quais o conservador Ospina tinha conexões pessoais) na zona montanhosa de Quindío e congelaram os impostos de consumo sobre as bebidas alcoólicas.

Como os conservadores não conseguiram estabelecer alianças duradouras com as comunidades indígenas, os liberais tiraram proveito das massas de seguidores afro-caucanos para derrotar seus rivais em uma guerra civil (1860-1863), na qual, segundo um conservador, as tropas de Mosquera eram "compostas de negros, zambos e mulatos, assassinos e ladrões do Vale do Cauca" (Sanders, 2004, p.120). As forças populares de pele escura lutaram sob o comando de Mosquera, embora entre os grupos indígenas apenas os Páez (grupo nasa) tenham ficado ao lado dos liberais. Os conservadores afastaram os antigos aliados indígenas, ao recrutar homens adultos e enforcar os resistentes. Contavam com uma base de apoio frágil por parte dos minifundiários mestiços e de alguns lugarejos ou povoados antioquenhos.

Uma vez que Mosquera assumiu a Presidência, em 1863, Cauca converteu-se na principal região, pois Mosquera devolveu os direitos sufragistas aos Estados (portanto, o direito ao voto dos afro-caucanos), embargou as terras da Igreja, descentralizou a Constituição, aboliu as leis de *vagancia* e a pena de morte e reconheceu tanto as reservas indígenas quanto os direitos dos *pobladores*. Os magistrados e os deputados da legislatura estatal, assim como os presidentes estatais e os conselhos municipais, eram eleitos a cada dois anos. Os liberais controlavam os resultados das eleições estatais, mas os conservadores conquistaram postos nas legislaturas e concorreram nas eleições locais.

A combinação de políticas liberais e supremacia eleitoral e o início da democracia popular radical e participativa dentro do Partido Liberal obrigaram o surgimento de um conservadorismo mais intransigente, clerical e internamente colonial. Com a divisão entre as elites liberais e seus aliados subalternos se estendendo ao longo de linhas raciais e de classe, e com o aumento nos enfrentamentos sobre os significados de uma democracia republicana no final da década de 1870, chegou-se aos limites da aliança entre liberais e subalternos.

As elites liberais não estavam dispostas a desmantelar as propriedades rurais, o que teria reconfigurado radicalmente o poder político fundamentado na posse da terra e na exploração da mão de obra. Entretanto, a propriedade privada sofria ataques; os bandidos e os ladrões de gado surgiam das montanhas próximas; os arrendatários e os meeiros negavam-se a trabalhar ou a pagar o aluguel. Decididos a conter a onda crescente do que denominavam "anarquia" sob o comando dos liberais radicais, outros segmentos das elites liberais, conhecidos como os

Independentes, abriram alas. A Sagrada Trindade consistia na "família, propriedade e religião". Os Independentes tinham o apoio dos antigos *pobladores* antioquenhos liberais em María, assim como dos minifundiários brancos e mestiços no norte de Cauca. As comunidades indígenas permaneceram neutras.

Essa nova constelação de alianças permitiu que os conservadores dirigissem um sangrento – mas bem-sucedido – golpe religioso em Cauca, entre 1878 e 1879, o que pôs fim à experiência republicana popular radical dessa região. Os conservadores, contrários ao que denominavam "democracia selvagem", na qual os "elementos bárbaros predominavam", apoiaram fervorosamente os Independentes e estavam decididos a fazer recuar quantas mudanças novas fosse possível. No fim da década de 1870, encontraram um veículo político – as Sociedades Católicas – por meio do qual conseguiram o apoio dos minifundiários da fronteira – alguns deles ex-liberais – para levar esse projeto adiante. Ao prover educação religiosa, as Sociedades Católicas combatiam agressivamente as reformas educativas anticlericais dos liberais. O conservadorismo modernizado, promovido pelos Independentes caucanos e pelos minifundiários republicanos populares, levou ao contragolpe conhecido como a Regeneração, sob o comando de Rafael Núñez.

2. Da reação à rebelião (1880-1930)

> Três raças distintas e de características opostas formam a população da República. Cada Estado tem climas, costumes e trabalhos diversos. Só há dois vínculos unindo-as: a língua e a religião. Não puderam nos tirar o idioma, e se esforçam para arrancar nossas crenças. São bárbaros os que fazem isso! Quiseram nos reduzir à condição de hordas beduínas, sempre em guerra umas com as outras. Tiraram Deus do governo e das leis, expulsaram-nO da educação superior, e agora lhes direi o resultado: se ainda não estamos irremediavelmente arruinados, é porque Cristo ainda reina nos lares e nas consciências.
>
> Monsenhor Rafael María Carrasquilla, 1885

A Regeneração, que teve início em 1880, pôs em andamento cinco décadas de reação, truncando as esperanças de alguns setores liberais que desejavam ver a Colômbia alinhada às democracias atlânticas mais destacadas. As elites da Colômbia, principalmente, "desistiram da tentativa de incorporar cidadãos disciplinados e, em vez disso, concentraram seus esforços em governar indivíduos recalcitrantes", segundo as palavras do historiador James Sanders (2004). A Constituição de 1886 fortaleceu o poder central, dando ao presidente autoridade para designar governadores provinciais e estendendo os períodos de permanência nos cargos – que passaram de dois para seis anos para o Poder Executivo, e de dois para quatro no caso do Legislativo – com o objetivo de reduzir a frequência das eleições. As demonstrações públicas foram proibidas, as Sociedades Democráticas foram perseguidas, e a "ordem" converteu-se no lema da época. De acordo com Gonzalo Sánchez (2003, p.60-5), o país estava "ideologicamente encarcerado", e seus guardiões eram os gramáticos católicos, amantes do castelhano, como Miguel Antonio Caro, arquiteto da Constituição de 1886.

Os subalternos eram obrigados a trabalhar e a obedecer aos *criollos*, enquanto a esfera da política foi reduzida a fim de excluí-los. Um exército profissional substituiu as milícias populares, e a pena de morte foi reestabelecida para deter os ataques à propriedade. O novo Tratado com o Vaticano assegurou um vínculo estreito com as correntes mais autoritárias da Igreja. Para fortalecer a fé na Colômbia e dirigir o sistema de escolas públicas, a hierarquia católica enviava ondas sucessivas de fanáticos religiosos vindos de outros cenários de luta europeus ou latino-americanos, curtidos pela guerra ideológica. No final do século, a Regeneração aniquilou a resistência liberal associada à emergente burguesia cafeeira durante a sangrenta Guerra dos Mil Dias (1899-1903), que deixou aproximadamente 100 mil mortos. O presidente Marco Fidel Suárez, um mestiço proveniente de uma família camponesa antioquenha que havia se unido à elite, abandonou o Panamá nas mãos dos Estados Unidos, que, a partir daí, passaram a ter indiscutível domínio sobre os assuntos do hemisfério.

A Regeneração consolidou o controle oligárquico, que não havia sido seriamente ameaçado durante a Guerra dos Mil Dias, e fechou os caminhos para a participação democrática popular radical que uma coalizão heterogênea de trabalhadores rurais, legisladores municipais de classe média – também conhecidos como *tinterillos*[1] – e artesãos urbanos havia aberto depois da metade do século. Indígenas, afro-colombianos, artesãos e, principalmente, camponeses mestiços viram seus direitos de cidadania restringidos sob o comando dos conservadores, enquanto a "raça" católica antioquenha, mitificada na imagem do colono *paisa*, converteu-se no eixo cultural de uma nova ordem política e econômica.

O caminho antidemocrático e autoritário de Núñez estava pavimentado pelos corpos daqueles que lutaram por projetos

---

1 Rábulas, maus advogados.

republicanos alternativos, mais participativos e inclusivos, e estabeleceu os parâmetros para a política nacional até o século XXI. As razões para tal persistência têm a ver em parte com a topografia. Desde o advento da Regeneração, a configuração geográfica da Colômbia concedeu às elites conservadoras e liberais uma vantagem logística excepcional na imposição de controles clientelistas paroquiais de cima, ao mesmo tempo em que dificultou ou suprimiu as mobilizações nacionais de baixo. Depois que as elites liberais tropeçaram em suas próprias contradições, na década de 1870, o que os partidos perderam em coesão horizontal ganharam em adesão vertical por parte de seus seguidores. As intensas forças ideológicas e materiais de sua contenção mútua eram aplicadas nos âmbitos íntimos das bases. A força excepcional do clientelismo estabelecido durante a Regeneração sem dúvida deve muito à localização particular dessas pressões.

Outra característica das zonas rurais colombianas que reformou o clientelismo e o fez dar uma virada política incomum teve importância a partir de 1870, quando se descobriu que grandes extensões de terras altas da fronteira agrícola eram o terreno ideal para o cultivo do café, o que proporcionou aos comerciantes colombianos um produto básico de exportação de relevância, gerando lucros substanciais e a perspectiva de uma transformação capitalista. Como uma extensão das fazendas cafeeiras venezuelanas, o cultivo do grão começou em Santander e, em seguida, deslocou-se com os camponeses para oeste, em Cundinamarca, onde foi cultivado por grandes latifundiários. Próximo ao final do século, os cafezais estendiam-se em zonas de Tolima, Antioquia e Viejo Caldas (Caldas, Risaralda, Quindío). Depois da Primeira Guerra Mundial, a Colômbia tornou-se o segundo maior produtor de café do mundo, depois do Brasil, sob padrões muito diferentes daqueles do líder mundial. No Brasil e na Guatemala, predominavam as grandes plantações, onde trabalhavam camponeses endividados ou trabalhadores diaristas. Na Colômbia, por outro lado, essas grandes propriedades eram mais modestas, chegavam rápido aos limites da sua ação – como no caso de Santander – e tinham menos peso no padrão geral de cultivo, enquanto as *parcelas*[2] pequenas ou médias eram cada vez mais numerosas, embora não na mesma medida que na Costa Rica. Comparada às grandes fazendas de São Paulo, a base social da agricultura de café em Antioquia, Viejo Caldas e parte de Tolima ofereceu aos arrendatários e meeiros a oportunidade de serem donos das suas terras e de terem o controle da sua produção, o que chegou a ser conhecido como "o eixo cafeeiro". Medida em termos de distribuição de terra, a economia de exportação de café era comparativamente democrática. Com importantes exceções regionais, tais como Cundinamarca e o leste de Tolima, a produção não era controlada pelos que semeavam para o patrão latifundiário, mas por famílias camponesas que trabalhavam em terrenos de pequeno e médio porte em altitudes de nível médio, entre mil e dois mil metros.

Entretanto, a partir de 1890, a comercialização da colheita migrou para as mãos da elite financeira e bancária de Antioquia, que dava créditos aos pequenos fazendeiros, arrendatários e meeiros, comprava a produção e financiava sua exportação. Os pequenos produtores foram, dessa maneira, empurrados para um conflito com os negociantes de créditos e com os especuladores de imóveis sobre títulos de terras, termos de venda para suas colheitas e comércio de contrabando de bebidas destiladas. Até mesmo em grandes propriedades em Cundinamarca, os comerciantes latifundiários, como fizeram os proprietários de terras em Cauca antes deles, tinham de lidar com arrendatários rebeldes que caçavam às escondidas, roubavam, contrabandeavam, invadiam, faziam negócios por meios ilícitos e armavam motins para protestar contra o aumento dos impostos. Embora as margens de lucro dependessem da sobrevivência de um monopólio oligárquico, tanto no mercado como na política partidária, os fazendeiros estavam longe de ser

---

[2] Pequena porção de terreno, em geral sobra de outra maior que se comprou, expropriou ou adjudicou. (N.T.)

todo-poderosos. Não obstante, no eixo cafeeiro das cordilheiras ocidental e central, os vínculos entre os minifundiários de baixo e os distribuidores poderosos de cima marcaram as relações de produção e intercâmbio comercial durante o período de governo conservador. Essa foi a explicação para a construção da nação mestiça dirigida por *criollos* mais ou menos brancos. Os vínculos coloniais de dependência se reproduziam sob novas formas, reforçando os laços clientelistas verticais e idealizando o colono *paisa*, cafeeiro diferente, porém independente – e mais importante –, nem negro nem indígena, mas, sim, mestiço com a possibilidade material de "branquear a raça". Com poucas exceções, em outras partes da América Latina esse padrão abriu caminho para uma ampla política urbana, em que os partidos populistas radicais – forjando coalizões entre classes, que incluem sindicatos, setores médios em expansão e camponeses mobilizados – exigiram mudanças estruturais na organização do Estado, da sociedade e da economia, conseguindo-as ainda que brevemente. Na Colômbia, ao contrário, isso nunca aconteceu.

Ascendência antioquenha

A região mais rica e poderosa de todas as zonas cafeeiras da Colômbia era Antioquia, cuja elite se distinguia por sua lealdade à Igreja, culto à "ordem", *fetichização* do "progresso" capitalista, devoção à mestiçagem dirigida de cima por homens brancos, e compromisso compartilhado com um governo tecnocrático e bipartidário, religiosamente antissectário. O aumento das forças conservadoras – durante um período de segregação racial cientificista no mundo negro atlântico (o sul dos Estados Unidos, Brasil e Cuba) e de liberalismo, em detrimento das etnias na Mesoamérica e nos Andes – teve sua base econômica no *boom* da exportação do café. O controle do café, particularmente no que se refere a transporte, crédito e distribuição, ajudou banqueiros e comerciantes de Medellín a se converterem nos fabricantes industriais de ponta do país. As elites *paisas* (antioquenhas) desfrutaram de preeminência política nacional de 1910 a 1930.

O movimento dos *pobladores* para as fronteiras cafeeiras nas terras altas do centro e do oeste, considerado a transformação histórica mais importante do período conservador, conduziu a uma maior igualdade no acesso à terra, mas não à riqueza geral, aos recursos ou ao poder político. Conseguiu-se que boa parte dos colonos cafeeiros, em sua enorme maioria mestiços, se alinhasse com as elites de um dos dois partidos. O *boom* da exportação de café também trouxe consigo o desenvolvimento dos bancos e das instituições de crédito modernas; o crescimento da indústria manufatureira (de bebidas, produtos têxteis, processamento de alimentos, vidro e manufaturas com ferro), que inicialmente se baseou no trabalho das mulheres imigrantes; assim como a construção de uma nova infraestrutura de transporte. Em 1914, linhas férreas uniram Medellín a Puerto Berrío e ao rio Magdalena, e, em 1915, Cali com Buenaventura e o Pacífico, fazendo do Valle do Cauca e de sua modernizada indústria açucareira um polo rival de desenvolvimento capitalista para o de ponta, ou seja, aquele estabelecido em Antioquia e no eixo cafeeiro.

Para fomentar as exportações de café e a produção industrial para o mercado interno, o governo conservador, apoiado pelo Partido Liberal de oposição, pela primeira vez financiou obras públicas e educação. A engenharia, institucionalizada na Escola de Minas de Medellín a partir de 1888, produziu futuros presidentes (Pedro Nel Ospina, Mariano Ospina Pérez, Laureano Gómez) e guiou a implementação de projetos tecnocráticos. Inspirada na University of California-Berkeley's School of Mines, a Escola de Minas foi o princípio de socialização para o quadro de dirigentes da nova ordem. A escola ajudou a formar uma elite de tecnocratas comerciantes educados na técnica, mas não nas ciências naturais experimentais ou sociais, e muito menos nas artes. Essa elite não só sobreviveu, mas também prosperou no duro frio da Regeneração. As doutrinas do Papa Leão XIII reconciliavam o positivismo científico aplicado com a fé tradicional.

Esses desenvolvimentos foram contemporâneos aos discursos racistas "científicos" e às práticas de colonialismo interno com respeito aos indígenas, mestiços e afro-colombianos na periferia regional e no eixo cafeeiro. Em profundo contraste com as elites caucanas, cujas opiniões estavam divididas quanto à relação com os afro-caucanos, os dirigentes *paisas* integraram com êxito elementos da cultura popular mestiça em uma ideologia regional e racial hegemônica e internamente coerente de poder branco e de meios empresariais: um *yanquismo* tropical. Os comerciantes antioquenhos se beneficiaram da extração de recursos naturais como ouro e petróleo, desenvolveram extensas fazendas de gado projetadas para alimentar uma população urbana em vias de expansão (que se quintuplicou entre 1912 e 1951) e fomentaram uma cultura nacional de pequena agricultura comercial de café. Tendo em vista que as corporações norte-americanas controlavam as indústrias bananeiras, auríferas e petroleiras, as fortunas dos industrialistas, banqueiros e comerciantes *paisas* giravam em torno do controle do café, dos créditos, da indústria manufatureira e da especulação de imóveis. Ainda em relação ao café, o controle era exercido em última instância pelas firmas de importação norte-americana, a política de governo e os consumidores dos Estados Unidos.

Dessa maneira, os colombianos ingressavam permanentemente na economia capitalista mundial sob a liderança dos elementos de sua elite, mais avançados tecnicamente, porém mais retrógrados social e ideologicamente. Portanto, enquanto o trabalho organizado em sua fase socialista e anarcossindicalista se fazia sentir no resto da região latino-americana antes da Primeira Guerra Mundial, na Colômbia o domínio conservador recebia um novo sopro de vida devido ao crescimento das exportações de café. A produção ultrapassara um milhão de sacos em 1913, dois milhões em 1921 e três milhões em 1930. Depois da Primeira Guerra Mundial, o capital estrangeiro investiu no setor cafeeiro, e Wall Street abriu generosas linhas de crédito no que ficaram conhecidas como a "Dança dos Milhões" – o que aliviou a elite exportadora, mas não deu trégua nem aos arrendatários nem aos meeiros, muito menos aos artesãos, aos proletários, aos indígenas ou às comunidades afro-colombianas.

Como resultado do informe apresentado por Walter Kemmerer, professor de economia de Princeton que dirigiu uma missão em nível continental para avaliar as finanças nos governos sul-americanos, os empréstimos dos Estados Unidos se esgotaram em 1927 e a fuga de capital submergiu a economia colombiana em uma depressão. Em 1929, ocorreu uma mudança decisiva na política elitista, quando os preços do café caíram subitamente de 60 para 34 centavos por quilo, o que significou um desastre para a economia de exportação e se consumou posteriormente com o colapso de Wall Street, em outubro daquele ano. Os conservadores dividiram-se quando os líderes da Igreja apoiaram candidatos rivais na sucessão para as eleições de 1930.

Um novo mundo?

A burguesia antioquenha "havia tentado converter a Colômbia em sua própria imagem idealizada, mas fracassara", e os sinais de um novo radicalismo popular já apontavam mesmo quando as exportações de café atingiram novas alturas. A política autoritária da regeneração e o domínio conservador trabalharam em função de expandir os direitos de propriedade de um setor de *pobladores* da fronteira a fim de incluí-los em redes bipartidárias de clientelismo. Essa medida de democracia econômica reforçou o conservadorismo político, mas deixou a maioria dos subalternos (afro-colombianos, comunidades indígenas e grande parte dos mestiços da fronteira agrícola) enfrentando dificuldades e tropeços, fora do alcance de um governo central. Os grupos subordinados pediam que fossem defendidos do poder dos latifundiários. Em 1914, um meeiro chamado Quintín Lame foi nomeado líder supremo das Tribos Indígenas da Colômbia, embora não falasse a língua nativa, nasa. Lame havia lutado do lado liberal na Guerra dos Mil Dias e, como qualquer outro soldado-camponês andino desse período, ele e seu movimento exigiram que o Estado protegesse as formas de cidadania coletiva e não liberal das ofensivas dos latifundiários reacionários. Devido aos seus esforços organizativos, Lame passou uma década dentro e fora da prisão, mas o movimento que dirigiu, conhecido como a *Quintinada,* ganhou terreno por meio de ocupações coletivas de terras ao sul da Colômbia, passando de Cauca para Tolima em 1922.

Os ânimos políticos se viram marcadamente alterados porque as ideias anarcossindicalistas e socialistas haviam começado a avançar no movimento operário que seguiu as revoluções Mexicana e Russa e a Primeira Guerra Mundial, enquanto o capital norte-americano começava a fazer suas primeiras incursões na América do Sul. Em 1926, o primeiro veículo independente da tutela do Partido Liberal e Conservador, o Partido Socialista Revolucionário (PSR), organizou uma luta proletária nos enclaves de exportação transnacional do Caribe e ao longo das fronteiras cafeeiras. O segundo vice-presidente do PSR, Raúl Eduardo Mahecha – um alfaiate que, assim como Quintín Lame, era um veterano da facção liberal da Guerra dos Mil Dias –, ajudou a fundar o sindicato dos trabalhadores de petróleo (USO) e, em 1926, liderou uma greve contra a Tropical Oil (uma subsidiária da Jersey Standard) na região do Magdalena Medio, onde, ao lado do rio de mesmo nome, encontram-se os departamentos de Antioquia, Norte de Santander, Santander, Boyacá e Cundinamarca. A primeira vice-presidente do partido e oradora lendária, María Cano, filha de uma família oligarca de Medellín pertencente ao mundo do jornalismo, realizou uma viagem pelas zonas rurais do país entre 1925 e 1927, organizando greves e fazendo campanha a favor da mudança radical. Entre novembro e dezembro de 1928, Cano foi uma das líderes, junto com Mahecha, da lendária greve de 4 mil trabalhadores da indústria bananeira contra a United Fruit perto de Santa Marta.

Na versão dessa greve imortalizada por Gabriel García Márquez em *Cem anos de solidão*, milhares de trabalhadores foram massacrados e carregados em caminhões de mercadoria rumo ao mar, enquanto a lembrança da repressão era apagada pela amnésia oficial. Na verdade, o incidente foi minuciosamente investigado e tornado público por um jovem advogado que havia acabado de voltar da Itália de Mussolini. Um deputado da Câmara Legislativa do Congresso, Jorge Eliécer Gaitán, usou o massacre para lançar sua carreira como o primeiro político populista dentro do Partido Liberal, consolidando assim sua aliança com os liberais de esquerda da costa atlântica. Em seu estudo sobre Gaitán, Herbert Braun (1986) o descreve, acertadamente, como um reformista pequeno-burguês; mas ao dar voz oficial às demandas populares e colocar "a questão social" no centro do debate parlamentar nacional, Gaitán ganhou a inimizade da fração oligarca dominante dentro do seu próprio partido, assim como a da direita mais conservadora. Ganhou também o amor das classes médias e populares.

Em 1929, os "Bolcheviques do Líbano" do PSR se levantaram em uma insurreição falida no norte de Tolima. Essa foi a primeira revolta explicitamente socialista na Colômbia e representou a aliança que os artesãos radicais e os intelectuais provinciais haviam forjado com os arrendatários, os meeiros e os pequenos *parcelarios*. Na verdade, os camponeses assumiram a ofensiva, organizando tomadas de terras ao longo de todo o eixo cafeeiro, e o proletariado dos enclaves de exportação realizou uma das maiores greves já organizadas até aquela data contra as multinacionais na Colômbia. O capitalismo cafeeiro-exportador, sob o comando conservador católico, criou esperanças em relação à posse de uma *parcela*, ao controle do trabalho e à possibilidade de se desfrutar de salários mais altos, promessas que não chegou a cumprir. Mesmo antes da fuga de capitais e da Grande Depressão, o efeito conjunto das promessas não cumpridas e da grande mobilização popular radical a que deram ensejo marcou o desmoronamento desse modelo.

3. A pausa liberal (1930-1946)

> A Colômbia foi, e continua sendo, prova de que a reforma
> gradual no marco da democracia liberal não é a única, nem
> sequer a mais plausível, alternativa das revoluções sociais,
> incluindo aquelas que fracassaram ou que foram abortadas.
> Descobri um país em que a impossibilidade de fazer uma
> revolução social fez com que a violência fosse a essência
> constante, universal e onipresente da vida pública.
>
> Eric Hobsbawm, 2002

Na primeira metade dos anos de 1930, trabalhadores organizados, movimentos camponeses radicais, o Partido Comunista Colombiano e Gaitán tentaram formar organizações e mobilizações fora do Partido Liberal, para depois se reincorporarem a ele a partir de 1935. Com essa nova onda de mobilização popular radical, que tinha então um horizonte e um enfoque nacionais, a reforma agrária liberal e a legislação trabalhista encontraram forte oposição por parte do Partido Conservador. Os conservadores, abençoados pela Igreja Católica, redobraram seus esforços para governar sem concorrentes nas áreas rurais e para buscar equilíbrio com o território que os liberais haviam conquistado nas cidades. Desse modo, apesar de a social-democracia ter triunfado em toda a América Latina no final da Segunda Guerra Mundial, a contrarrevolução católica levantou-se na Colômbia no decorrer do terror político institucionalizado.

Quando a base econômica do mandato conservador quebrou temporariamente, e sua coesão política viu-se desfeita, uma porta abriu-se para os liberais recuperarem a Presidência depois de cinquenta anos à deriva. Seu candidato, Olaya Herrera, havia sido embaixador em Washington durante o governo dos conservadores, com os quais mantinha boas relações e, embora tenha vencido, sua votação foi menor do que a dos rivais conservadores combinados. Gaitán se separou do Partido Liberal em 1933 para fundar a Unión Nacional de la Izquierda Revolucionaria (Unir), aprovando a fundação de ligas camponesas para competir com aqueles apoiados pelo Partido Liberal e, fundamentalmente, contra os do Partido Comunista Colombiano (PCC).

O PCC foi fundado em 1930 por líderes do PSR, dois dos quais, José Gonzalo Sánchez e Dimas Luna, haviam liderado o movimento da *Quintinada* indígena no início dos anos de 1920. Houve alguma continuidade com as mobilizações de Cauca e Tolima. Inicialmente, o PCC deu prioridade às lutas camponesas nas fronteiras cafeeiras, especificamente em Tolima e Cundinamarca, onde as maiores plantações pertenciam a banqueiros comerciantes de Bogotá, alemães e norte-americanos. O partido estabeleceu ligas para capitalizar durante a onda de ocupações de terras após 1928 e, em princípios dos anos de 1930, ganhou legitimidade política por meio do seu "agrarismo revolucionário" com base na "formação e proteção de comunidades minifundiárias autônomas" (Chernick; Jiménez, 1933, p.66). Gaitán acusou o PCC de ter evitado etapas de desenvolvimento histórico: enquanto as ligas camponesas comunistas aspiravam a se acomodar na revolução socialista, a Unir foi designada para remover os blocos feudais no desenvolvimento da agricultura capitalista. O campo era um terreno político altamente conflitivo e competitivo no início dos anos de 1930 – terceiro período da Internacional Comunista, considerado o mais sectário – e o PCC considerava a Unir seu principal concorrente político, sobretudo em Tolima e Cundinamarca.

Quando os liberais ganharam de novo sem nenhuma oposição, os conservadores sabotaram as eleições. O principal líder liberal era Alfonso López Pumarejo, descendente de uma família de banqueiros e latifundiários, antigo empregado do banco de investimentos norte-americano Baker-Kellogg. Por ter sido criado na Inglaterra e nos Estados Unidos, seus admiradores consideravam López Pumarejo o "Roosevelt dos Andes". A

"Revolução em Marcha" que ele proclamava, ainda que limitada, era mais radical em sua retórica do que em suas reformas, gerando esperanças de redistribuição populista e de arbitragem do Estado nos conflitos de classe. Os impostos aumentaram, o gasto público foi direcionado para as escolas e a rede viária, e a legislação trabalhista foi liberada, o que abriu as portas para um maior crescimento da sindicalização, processo que havia sido iniciado durante o mandato de Olaya. O mais importante é que as expectativas populares sobre os resultados da participação política dispararam.

Foram feitos grandes esforços, principalmente na revisão da Constituição de 1886, com o objetivo de garantir a separação da Igreja e do Estado, o que, com outras medidas, foi o suficiente para trazer Gaitán de volta à ala liberal, em 1935. Alinhado com as políticas da Frente Popular, estas impulsionaram o PCC a influenciar o regime de López, desmobilizando suas ligas camponesas e renunciando às suas ambições revolucionárias vanguardistas. Com o apoio do PCC – partido que dominava os principais sindicatos no setor de transporte e nos enclaves de exportação –, López criou a Confederação dos Trabalhadores da Colômbia (CTC), com o objetivo de converter o trabalho organizado em um bloco clientelista sob a tutela do Partido Liberal.

Dois passos para trás

Apesar de a "República Liberal" ter durado até 1946, sua promessa foi por água abaixo durante o segundo período de López, entre 1942 e 1945. López, envolvido em escândalos de corrupção, repudiou reformas como a jornada de trabalho de oito horas e a previdência social, que eram de grande importância para os sindicatos. Além disso, ele se negou a aprovar a Lei nº 200 e, em 1944, a substituiu pela Lei nº 100, também conhecida como "a Revanche" (Richani, 2002). Essa lei deixava clara a incapacidade do Partido Liberal para resolver "a questão agrária" entre camponeses e proprietários, além de ter enfatizado a influência destes últimos dentro da classe dominante. A Federação Nacional dos Comerciantes (Fenalco), a Sociedade de Agricultores da Colômbia (SAC) e a Associação Patriótica Econômica Nacional (Apen) promoveram a Lei nº 100, fechando as portas aos parceiros e aos seus sonhos de se tornarem minifundiários independentes. Essa lei protegia a propriedade e os contratos de trabalho, proibia o cultivo de colheitas que pudessem competir no mercado e legalizava a expulsão de meeiros e arrendatários. Os grupos de fazendeiros mais antigos tinham a possibilidade de criar alianças com a nova elite de exportação de café a fim de manter seus privilégios. A Lei nº 100 também abria as portas para a guerra de classes entre os latifundiários dominantes e os arrendatários e meeiros mobilizados em Cauca, Tolima e Cundinamarca, onde a luta camponesa havia sido forte nos anos de 1930.

Enquanto em outras partes da América Latina o campesinato mobilizado desempenharia um papel fundamental nas coalizões radicais, na Colômbia a solidariedade entre os trabalhadores desapareceu depois que os plantadores de café conquistaram seus terrenos familiares nos anos de 1939 e 1940. Uma interpretação importante desse período sugere que o movimento trabalhista anticapitalista, aliado aos movimentos camponeses e indígenas dos anos de 1920, foi cooptado e institucionalizado nos anos de 1930, inclusive quando as lutas camponesas se intensificaram, o que levou à aprovação da Lei nº 200 em 1936. A Lei nº 200 foi uma das reformas mais importantes do século XX na Colômbia. Ela estabelecia a ocupação efetiva da terra como base legal da posse ("a terra é para quem a cultiva"); não obstante, foi estabelecido que essa vitória parcial dos trabalhadores do café – era parcial porque os proprietários se beneficiavam muito mais – e a reforma provocaram o isolamento de sindicatos militantes em outros setores, tais como o do petróleo e o dos transportes, por terem assegurado o acesso legal às terras de fronteira nos anos de 1930. Por mais que o setor de transporte tenha crescido e se fortalecido, não conseguiu afetar a área central da economia, que tinha seu eixo no cultivo do café, o que provocou a fragmentação subsequente do movimento trabalhista como um todo e, em consequência, o fortalecimento dos partidos tradicionais. Apesar de essa interpretação explicar o desenvolvimento decisivo do campo cafeeiro, por outro lado ignora o desafio radical que o *gaitanismo* representava como o primeiro movimento nacional popular na história da Colômbia capaz de unir no país os grupos subalternos que haviam sido fragmentados por divisões raciais-étnicas, regionais e de classe. Também minimiza a importância da mensagem do *gaitanismo* em torno da luta de classes por parte dos proletários rurais, arrendatários e meeiros excluídos do direito à propriedade e da maioria dos trabalhadores urbanos fora dos sindicatos.

No início dos anos de 1940, depois da recuperação das exportações cafeeiras de 1936 e de quase uma década com um crescimento anual das manufaturas de 10%, emergiu um consenso entre os grupos dominantes, pelo qual se determinou que já era tempo de regressar à ortodoxia econômica liberal que havia prevalecido no mundo capitalista até os anos de 1930. A seu ver, não havia espaço para reformas sociais e políticas pró-trabalhistas. Em 1944, a elite conservadora manufatureira urbana criou a Associação Nacional de Empresários (Andi), e, em 1945, os comerciantes de café criaram a Federação Nacional de Produtores de Café (Fedecafe). Apesar de terem suas diferenças na década seguinte, essas agremiações, unidas por endogamia, ditaram as políticas econômicas dos sucessivos governos, não considerando a opinião pública. Seguindo uma orientação do Vaticano, a União dos Trabalhadores da Colômbia (UCT) foi estabelecida pela Igreja Católica em Medellín, em 1946, e se tornaria o modelo por excelência para as federações de trabalhadores sindicalizados.

Rumo a *La Violencia*

Gaitán estava limitado por suas próprias contradições: não conseguia abandonar o Partido Liberal, mas também não conseguia cumprir as exigências de sua base dentro do sistema oligárquico bipartidário. Entretanto, só Gaitán – o advogado defensor dos trabalhadores que havia exercido cargos de senador, vereador, prefeito de Bogotá, ministro da Educação e do

Trabalho – lutou contra esses processos por meio dos canais oficiais, o que o ajudou a conquistar seguidores entre o eleitorado liberal. Apesar de a liderança do PCC resistir a ele, Gaitán desfrutava do apoio do Partido Comunista e dos sindicatos petroleiros, do transporte e das telecomunicações, os quais o apoiavam entusiasticamente. Quando o sistema liberal o tirou do panorama como o candidato do partido à Presidência em 1946, Gaitán se apresentou como candidato independente. Apesar de ter vencido em muitas cidades – Bogotá, Barranquilla, Cali, Cartagena, Cúcuta, Ibagué, Neiva, Santa Marta –, o resultado foi a divisão do voto liberal, permitindo a vitória do candidato conservador, Mariano Ospina Pérez, como haviam planejado os conservadores.

Diz-se que o período conhecido simplesmente como *La Violencia* – o momento definidor do curto século XX para a Colômbia – teve início com a morte de Gaitán, em 1948. Entretanto, isso implicaria diminuir-lhe três anos, não duas décadas. Para entender suas raízes, é necessário retroceder às origens da República Liberal.

Quando o domínio conservador terminou, em 1930, as tensões que vinham aumentando dentro do país começaram a explodir. As lembranças do massacre partidário da Guerra dos Mil Dias – quando líderes liberais e conservadores mobilizaram suas milícias camponesas para que se matassem em uma batalha que custou a vida de um a cada 25 colombianos – ainda estavam vivas em muitos lugares. Nem bem Olaya Herrera assumiu o poder, os liberais puseram em prática a sua vingança em Santander e em Bogotá. O medo dos conservadores não era totalmente irracional, uma vez que os liberais se firmaram no poder, lançaram mão da intimidação, da violência policial e da fraude. Em retaliação, os conservadores boicotaram cada eleição presidencial até 1946. No início dos anos de 1940, os liberais converteram a polícia em um apêndice do seu partido, ação que teria graves consequências durante *La Violencia*, quando a polícia era "conservadora". Ao longo da Pausa Liberal ocorreu um cenário ameaçador de assassinatos seletivos nos municípios, enquanto a polarização política e a violência latifundiária, mesmo quando estava consideravelmente localizada, continuavam se propagando.

Se em Boyacá e nos Santanderes, a lógica do "pleito defensivo" entre as comunidades concorrentes, cada uma com recordações e medos de penosas feridas, foi implantada desde o início, dois desenvolvimentos nacionais sobrepujaram essa dinâmica subjacente. O primeiro foi a mudança no equilíbrio eleitoral entre os dois partidos, uma vez que havia ocorrido certo grau de urbanização – e na Colômbia era ainda bastante moderado. A força da lealdade conservadora havia dependido da influência do clero, que era muito mais forte nos municípios e no campo do que nas cidades. Quando a proporção dos habitantes urbanos superou certo umbral em 1940, os liberais começaram a controlar uma maioria permanente nas votações, o que ficou evidente nas eleições presidenciais de 1946, as quais perderam; não obstante, os dois candidatos liberais totalizaram mais de 60% dos votos, nível que a partir de então se converteu na norma.

Por parte dos conservadores, a perda de poder aumentou a influência da ala mais extremista do partido. Sob a liderança carismática de Laureano Gómez, o partido inclinava-se a expandir seu domínio no interior do país para recuperar as perdas nas cidades. Apelidado de "Hitler *criollo*" por seus adversários, Gómez passou a ser visto como um demagogo fascista, pois levou seu partido a extremos fanáticos e mergulhou o país na guerra civil. No mundo incestuoso da elite política colombiana, Gómez foi bom amigo tanto de López Pumarejo como de seu sucessor, Eduardo Santos, assim como se beneficiou de antigos vínculos financeiros. Contava com o apoio fundamental e sólido das agremiações, como Fedecafe e Andi. Em meados dos anos de 1930, realizou ataques devastadores a Mussolini e Hitler, embora ele próprio fosse um integralista católico.

Nos anos de 1930 e 1940, a América Latina estava repleta de movimentos e líderes – nem todos reacionários – fascinados com o êxito dos fascismos alemão e italiano: Tory e Busch na Bolívia, Vargas no Brasil e Perón na Argentina. O que diferia na Colômbia era o fato de o mesmo tipo de atração ter levado

Gómez e seu partido na direção de Franco, como uma versão tradicionalista e religiosa de contrarrevolução, livre de qualquer conotação populista dos regimes italianos ou alemães. O resultado foi uma intensificação retórica – nos níveis da Guerra Civil Espanhola – das inimizades históricas com o liberalismo, então apresentado como indistinguível do comunismo. Os insultos verbais racistas e as caricaturas de Gaitán – e de seus seguidores – foram implacáveis. Gaitán era conhecido entre as elites políticas bogotanas como "o Negro Gaitán", um epíteto que, com base em seus traços fenotípicos de mestiço pobre e devido a seus seguidores afro-colombianos e caribenhos, procurava ridicularizá-lo e desqualificá-lo. Os negros eram "preguiçosos", "indisciplinados" e "imorais". Os hispanófilos e a reconquista católica os colocariam em seu lugar – tanto eles quanto seus líderes – nos sindicatos de trabalhadores fluviais, ferroviários e viários.

Como havia feito Núñez setenta anos antes, Gómez pretendia fazer com que sociedade colombiana regressasse a uma idealizada totalidade colonial interna, na qual os subalternos conhecerem o seu lugar. Mas Gómez viveu em uma época de guerra total e ajudou a promover o terror político a níveis antes impensáveis. Em meados dos anos de 1940, ocorreu um breve momento de abertura democrática radical em quase toda a América Latina, quando os populistas acabaram com as eleições e tomaram o poder. Só na Colômbia ocorreu um agressivo assalto contrarrevolucionário católico contra os trabalhadores organizados e os movimentos camponeses radicais.

4. *La Violencia* (1946-1957)

> A violência é desencadeada, comandada e estimulada,
> sem qualquer risco, por controle remoto. A violência
> mais típica de nossas lutas políticas é a que de maneira
> atroz produz vítimas humildes nas aldeias e nos campos,
> nos arrabaldes das cidades [...] Mas o combustível foi
> espalhado pelos escritórios urbanos, trabalhado com
> frieza e elaborado com astúcia para produzir seus frutos
> de sangue.
>
> Alberto Lleras Camargo, 1946

La Violencia (1946-1957) foi uma época que misturou terror oficial, sectarismo partidário e políticas de terra arrasada que resultaram da confluência da crise da república cafeeira, da debilidade do Estado central e da concorrência pelos direitos de propriedade, principalmente no eixo do café. Esse período se distinguiu pelo "terror concentrado", utilizado para suprimir as políticas populares radicais e canalizar os crescentes conflitos raciais--étnicos e de classe entre as vias do bipartidarismo. A violência política, que sempre foi um elemento básico nas regiões e municipalidades, foi desencadeada pela primeira vez em nível nacional contra as insurreições *gaitanistas* que irromperam na capital, nas cidades e aldeias provinciais de todo o país, depois que Gaitán foi assassinado em 1948. As juntas *gaitanistas* encarnavam para a autoridade do governo central e, mais ainda, do governo regional – assim como para as hierarquias raciais e os direitos de propriedade – uma ameaça fundamental, que nos deixa ver a magnitude do revés sofrido pelas forças nacionais populares incipientes.

La Violencia teve início nas zonas cafeeiras de Santander e Boyacá e concentrou-se no centro do eixo cafeeiro do norte do vale do Cauca, Viejo Caldas e Tolima. Os massacres, agora entre os colonos mestiços, ocorreram do mesmo modo que durante a Guerra dos Mil Dias, mas o derramamento de sangue durou mais tempo. Aproximadamente 300 mil pessoas – das quais 80% eram homens camponeses e analfabetos – foram assassinadas. Até 1964, quando a guerra terminou oficialmente, dois milhões de pessoas ficaram desabrigadas. Esses fenômenos não podem ser entendidos sem que se reconheça a incorporação dependente da maioria dos plantadores de café pelo aparato clientelista de cada partido nas áreas minifundiárias de Boyacá, Santander, Antioquia e ao longo do eixo cafeeiro.

O Bogotazo como revolução fracassada

Em abril de 1948, entre o crescente conflito sectário e a polarização partidária, o presidente Mariano Ospina Pérez foi o anfitrião do Nono Congresso Pan-americano em Bogotá. O secretário de Estado dos Estados Unidos, George C. Marshall, e vários presidentes e diplomatas da América Latina compareceram ao congresso para esclarecer o papel dos Estados Unidos no período pós-guerra. Apesar de o suposto propósito da visita do secretário Marshall ter sido fortalecer as alianças e estabelecer a Organização dos Estados Americanos, que seria dirigida primeiro pelo ex-presidente Alberto Lleras Camargo, a prioridade era manter o poder e a influência dos Estados Unidos diante de uma possível "ameaça" soviética. Os dirigentes colombianos estavam ansiosos para serem reconhecidos como atores regionais importantes no cenário mundial dominado pelos Estados Unidos e como militantes anticomunistas que seguiam fielmente os antecedentes estabelecidos por atitudes *criollas* de velha data com respeito às mobilizações populares radicais. Esse era o agitado panorama em que Gaitán fora assassinado.

Enquanto assistia a uma conferência de líderes estudantis anti-imperialistas, o jovem Fidel Castro conheceu Gaitán em Bogotá, e ambos planejaram reunirem-se novamente na tarde do dia seguinte, 9 de abril. No entanto, Gaitán não pôde comparecer ao encontro – fora assassinado nesse mesmo dia quando ia almoçar. As notícias do seu assassinato desencadearam os maiores distúrbios da história da Colômbia do século XX, o chamado *Bogotazo*, uma revolta sociopolítica que arrasou tanto as províncias quanto a capital.

Na capital, depois de surpreender a frágil guarda do Palácio Presidencial, uma grande multidão provinda dos bairros periféricos reuniu-se no centro da cidade. Os saqueadores de alimentos contra a fome e a especulação atacaram os estabelecimentos de venda de comida e os mercados, especialmente os que pertenciam a comerciantes libaneses, considerados "estrangeiros". Enquanto os distúrbios continuavam, os saqueadores se apoderavam de alimentos, roupas, mercadorias, ferramentas e ferragens. Incendiaram igrejas e prédios governamentais, assim como o jornal de Gómez, *El Siglo*. Profissionais e estudantes radicais *gaitanistas* da Universidade Nacional, dirigidos por Gerardo Molina, assumiram os movimentos radicais e fizeram chamados para estabelecer juntas revolucionárias em todo o país – uma referência aos corpos políticos formados durante as guerras de independência do colonialismo espanhol. Como reitor da Universidade Nacional, Molina era um dos intelectuais de esquerda com maior peso e influência.

Essa revolta urbana animou as províncias. Depois de 9 de abril, a resistência popular radical, suas organizações e rebeliões em áreas de assentamento recente estabeleceram as bases da crise da República. Foi o caso em Magdalena Medio, nos vales de Sinú e San Jorge, na fronteira de Antioquia e Córdoba, assim como no nordeste de Antioquia, Cali, norte de Valle, Cundinamarca e Tolima. Sindicalistas e artesãos estabeleceram juntas revolucionárias em Bogotá, Cali, Remédios, Zaragoza, Puerto Berrío, Barrancabermeja e em mais dezenas de municípios.

Apesar de os objetivos serem modestos, a mobilização popular depois da morte de Gaitán foi tão intensa e generalizada que conseguiu "transformar" o "conteúdo reformista" das demandas – ou seja, tinha, no contexto colombiano, implicações revolucionárias. Pouco tempo depois, o mundo dava uma reviravolta em termos de poder e autoridade. Os perseguidos converteram-se em poderosos, os prisioneiros executavam os guardas, a polícia se colocou do lado do povo *gaitanista*, os camponeses passaram a roubar gado e a tomar terras, e os trabalhadores do petróleo ocuparam a refinaria de Barrancabermeja. Os insurgentes falavam de uma nova ordem revolucionária respaldada por milícias populares.

Entretanto, as juntas, sem o apoio da capital e coesão entre elas, foram rapidamente derrotadas. Apesar de o *Bogotazo* ter sido uma expressão de ira popular, não ajudou a tomada do poder, exceto nas províncias e por muito pouco tempo. O populismo que Gaitán havia esboçado a partir da esquerda do liberalismo era uma crescente ameaça para a oligarquia conservadora do país, que foi catalogada como tal pelo próprio Gaitán. Não obstante, de um ponto de vista comparativo, esse populismo era relativamente frágil. Em pelo menos quatro centros regionais – Bogotá, Medellín, Cali e Barranquilla, cuja população, em 1940, não excedia meio milhão de habitantes em nenhum dos casos –, a dispersão da população impediu o florescimento de um populismo colombiano entre uma massa crítica da classe trabalhadora urbana. O próprio Gaitán observou, em 1943, que apenas 5% da força de trabalho do país estava sindicalizada, e, apesar de as juntas *gaitanistas* terem tomado o poder no país depois da morte de seu líder, estas não foram capazes de mantê-lo. O secretário Marshall encarava a União Soviética e sua ferramenta, o "comunismo internacional", como a mão invisível que dirigiu o *Bogotazo*. Fidel Castro regressou a Cuba em 10 de abril, mas apresentou uma interpretação diferente: "Ninguém pode assumir a organização do que ocorreu em 9 de abril porque o que menos estava presente em 9 de abril era precisamente a organização. Isso é o fundamental. Não havia absolutamente nenhuma organização".

Sem preparação, liderança ou um programa de autogoverno, as insurreições *gaitanistas* não conseguiram dirigir a revolução. Entretanto, à luz de novos estudos, a perspectiva clássica sobre *La Violencia* como uma reação contra o impulso radical do *gaitanismo* continua sendo convincente.

La Resistencia e *La Reconquista*

O conflito partidário, por sua vez, expandiu-se por todo o eixo cafeeiro, seguindo o precedente que teve início em 1945 em Boyacá e nos Santanderes. Os líderes liberais nos distritos cafeeiros de Quindío e Tolima, temendo uma vingança conservadora devido aos levantes, que se materializou em uma onda de assassinatos locais, mobilizaram os clientes camponeses em milícias guerrilheiras com a esperança de obter um resultado diverso daquele da Guerra dos Mil Dias. Diferentemente dos conflitos militares do século XIX, dirigidos por líderes oligárquicos, durante *La Violencia* os comandantes liberais eram camponeses usando nomes de guerra como "Sangrenegra" e "Capitán Desquite".

A meta das guerrilhas liberais-comunistas era derrubar o governo conservador, mas não estabelecer uma nova sociedade. Não obstante, tal resistência serviu de catalisador para a contrarrevolução no interior do país. A "ordem" foi restaurada na capital quando as tropas e os voluntários vieram da vizinha Boyacá conservadora para reforçar o Exército, que se manteve leal aos conservadores. Os voluntários, conhecidos como *chulavitas*, serviram no início no corregimento Chulavita, em Boyacá, onde a violência liberal se disseminou nos anos de 1930. Os conservadores usaram os *chulavitas* em Boyacá e na capital durante o *Bogotazo* e, depois dele, no eixo cafeeiro: Tolima, Valle del Cauca e Viejo Caldas (Caldas, Risaralda, Quindío). Os *chulavitas* eram devotos da Virgen del Carmen; para eles, a guerra que travavam era uma "guerra santa" para libertar o país de ateus, maçons e comunistas – ou seja, dos liberais.

Apoiadas pelo clero, em Antioquia as legiões católicas de Gómez se mobilizaram para defender as municipalidades "conservadorizadas" antes das eleições seguintes. Embora em Nariño tenham feito o mesmo, ali foram recrutadas para ajudar a "conservadorizar" a parte norte do Valle. Ali, onde o avanço conservador era total, as comunidades liberais desertaram maciçamente em um ato de autopreservação, uma vez que a "polícia civil conservadora" substituiu a polícia liberal, entre 1947 e

1948, para depois se organizar como uma força profissional de assassinos políticos entre 1949 e 1950.

Quando a guerra estourou depois da morte de Gaitán, o PSD, já vetado por Ospina, concentrou-se no trabalho clandestino no interior do país, pregando a autodefesa armada. Em 1949, os primeiros grupos se formaram ao longo da linha ferroviária em Santander, nos enclaves petroleiros da Shell, Socony e Tropical Oil no Norte de Santander e Ariari e, o que é mais importante considerando os eventos subsequentes, em Tolima e Cundinamarca, onde as ligas camponesas do PCC e da Unir se consolidaram nos anos de 1930. No final de 1949, os chefes liberais, respaldados pelo governador do departamento e pela liderança de comerciantes e proprietários, aproximaram-se do partido em busca de ajuda para estabelecer guerrilhas. Em 1950, com o sectarismo oficial operando febrilmente, os *gaitanistas* organizaram uma frente guerrilheira com combatentes do PSD (Partido Social Democrata) na parte sul de Tolima. A força era dirigida pelo clã Loayza; um de seus membros, Pedro Antonio Marín, conhecido como Manuel Marulanda ou "Tirofijo", liderou as Farc até sua morte, em março de 2008.

A resposta a 9 de abril e às juntas revolucionárias foi a repressão indiscriminada. Os conservadores, por exemplo, cortaram a língua e arrancaram os olhos de pelo menos 40 liberais e estriparam outros em San Rafael, Valle del Cauca. Os aldeões *gaitanistas* dessa região, que em 1948 haviam se multiplicado, foram submetidos a "*trabajitos*": assassinatos seletivos realizados por *los pájaros*, assassinos contratados pelos conservadores e que circulavam em carros pretos sem placas de identificação, "retornando" depois à vida cotidiana nas aldeias como açougueiros, motoristas, garçons, alfaiates, lavadeiros ou inspetores de polícia, todos eles católicos fanáticos. Seu líder, León María Lozano, "El Cóndor", começou sua participação em *La Violencia* contra os *gaitanistas* em Cali, defendendo uma capela onde ele havia construído um altar para a Virgem Maria Auxiliadora. Logo Lozano estaria dirigindo o maior e mais protegido bando de pistoleiros conservadores do norte do Valle, que engrossou com profissionais vindos de Boyacá, Antioquia, Santander, Tolima e Quindío, e recrutando outros em veredas e municípios próximos de Tuluá.

O coronel Gustavo Rojas Pinilla, encarregado da Terceira Brigada no Valle, apareceu com "El Cóndor" em uma fotografia. Rojas Pinilla e o governador conservador planejaram a supressão da revolta *gaitanista* que havia tomado o Palácio de San Francisco em Cali, ação que constituiu um passo importante na ascensão política de Rojas, que a assegurou por meio da "pacificação" de juntas revolucionárias em todo o departamento. Dali em diante, Lozano e *los pájaros*, ao lado da polícia secreta, aterrorizaram a região. Sob o comando do governador laureanista Nicolás Borrero Olano, dono da publicação de direita *Diario del Pacífico*, a declaração de "neutralidade" de Rojas Pinilla diante da proliferação de *los pájaros* permitiu a livre circulação de assassinos anônimos contratados para liquidar liberais. A "neutralidade" militar era essencial para o sucesso dos "*trabajitos*" nos quais a nova polícia conservadora participava em bandos de três ou quatro ao lado de *los pájaros*. Os comerciantes de café e gado, assim como os latifundiários de médio porte, cresceram sob sua sombra.

"El Cóndor" era apenas o mais lendário daqueles que trabalhavam no negócio do assassinato político, pois contava com contrapartes em Viejo Caldas e em Tolima. Assim como em Viejo Caldas, o negócio de *La Violencia* criou vias de ascensão para setores médios rurais no norte do Valle e em Tolima. As redes de patrocínio e proteção nas quais *los pájaros* se moviam eram dirigidas por políticos que ocuparam importantes postos legislativos, diplomáticos e ministeriais após finalizada *La Violencia*.

Quanto mais "se acentua o conteúdo partidário das oposições, mais estas ficam despojadas do seu potencial político", o que conduziu à "desagregação, desorganização e desarticulação do social", segundo Gonzalo Sánchez (1991, p.31-2). A oligarquia tentou em vão, sob sugestão de López Pumarejo e insistência de Carlos Lleras Restrepo, recuperar o fragmentado consenso bipartidário. Em 1949, em Bogotá, os conservadores incendiaram o jornal liberal *El Tiempo*, assim como as casas de Llera Restrepo e López Pumarejo, o que demonstrou a impossibilidade de deter o *momentum* dos extremistas conservadores. Nas zonas minifundiárias cafeeiras, o objetivo não era conseguir a vitória no campo de batalha, mas expulsar o inimigo da região. A meta era a conquista de território – a acumulação de terras, gado e café –, enquanto os assassinatos obedeciam a um cálculo sinistro de dor e crueldade. As mulheres grávidas eram estripadas e seus fetos destruídos para evitar que nascessem novos membros do partido opositor.

Em Tolima foram usados tipos diferentes de violência para espalhar a mensagem de terror. Na tortura chamada de "*corbata*" [gravata], por exemplo, puxavam a língua da vítima por meio de uma abertura na garganta; na "*florista*", eram inseridos os membros cortados no pescoço depois da decapitação; no "*corte del mono*" [corte do macaco], colocava-se a cabeça da vítima no peito. As mutilações de orelhas, dedos, pênis e seios eram tão comuns quanto os estupros. Milhares e milhares de pessoas foram estripadas e atiradas em rios como o Cauca, que se dizia ter ficado vermelho de tanto sangue. Os incêndios provocados eram outra ferramenta comum de terror. Milhões de camponeses viram-se obrigados a ver suas casas e colheitas ardendo ou tomar a decisão de deixá-las para trás.

Em Antioquia, onde o consenso girava em torno de uma tradição elitista bem cimentada, os níveis de violência foram menores do que nas regiões cafeeiras do vale do Cauca, Viejo Caldas e Tolima. O radicalismo político, o colonialismo interno e a localização dos recursos naturais determinaram significativamente quando e onde o terror era permitido pelo Estado, o que crescia sem limites. Durante a segunda fase de *La Violencia* (1950-1953), aqueles que viviam nas periferias regionais e não aceitaram as normas culturais brancas predominantes no centro de Antioquia sofreram as consequências da violência armada e policial; ou, como nos casos do leste do departamento e de Urabá, a violência dos latifundiários atingiu um grau não visto durante a primeira fase (1945-1949), que estava concentrada nas municipalidades cafeeiras localizadas no sul e no sudoeste, como Fredonia. Ali, o conflito se mantinha dentro dos limites estritamente bipartidários designados para "conservadorizar" as municipalidades liberais localizadas nas áreas conservadoras. Políticos, jornalistas e intelectuais de classe média ajudaram a polarizar a política segundo linhas bipartidárias.

Na segunda fase, Laureano Gómez, presidente eleito em 1950, estava decidido a impedir a repetição do *Bogotazo* e de suas variantes provinciais. Devido a problemas de saúde, Gómez renunciou pouco depois do início do seu mandato, e Roberto Urdaneta Arbeláez assumiu as rédeas do governo em outubro de 1951, quando *La Violencia* atingia maior intensidade, aparecia sob novas formas e afetava outras regiões. Gómez foi o primeiro presidente cujo programa social sancionava os desenvolvimentos mais reacionários. O campesinato sofreu o pior da agressão. Por exemplo, em 1952, quando regressou da Coreia, o Batalhão Colômbia massacrou 1,5 mil camponeses em uma área rural nas cercanias de El Líbano, em Tolima.

A cooptação clientelista de pequenos produtores minifundiários por meio da guerra civil no eixo cafeeiro não conseguiu deter as iniciativas de classe independentes, mas mudou o seu enfoque para fronteiras estabelecidas mais recentemente. As planícies orientais, por exemplo, entre 1952 e 1953, evoluíram para uma sociedade agrária revolucionária incipiente. A Lei nº 1 foi emitida em setembro de 1952, depois da reunião dos delegados das organizações guerrilheiras nacionais em "Red Viotá" (Cundinamarca), em agosto do mesmo ano, constituindo-se no germe do que depois se converteu na Primeira Conferência do Movimento Popular de Libertação Nacional. Organizou-se um sistema rudimentar de justiça, com autoridades civis e militares autodesignadas estipulando regras para o uso da terra, e também direitos e obrigações individuais com relação ao trabalho comunitário. Além disso, foram instituídas diretrizes para o estabelecimento de granjas de produção diária, assentamentos agrários "revolucionários", e foi regulamentado o mercado do gado, elemento vital da economia nas planícies orientais. Enquanto avançavam os esforços para estabelecer uma coordenação nacional das guerrilhas, a Lei nº 2 das planícies orientais, redigida por José Alvear Restrepo, regulamentava a vida nas vastas zonas liberadas e apresentava esboços de revolução e governo popular.

A Lei nº 2 estabelecia um governo de assembleias populares e conselhos distritais encarregados do planejamento da produção, do consumo e da distribuição. Essa lei apresentava regras quanto às relações entre os combatentes e os civis e proibia expressamente a tortura e as políticas de "terra arrasada" que caracterizavam *La Violencia*. Além disso, exigia um comportamento humanitário para com os conservadores. Os enclaves comunistas eram os únicos territórios onde a vida não era regida pelo terror. A Lei nº 2 também falava do casamento civil, do divórcio, da equidade das mulheres e dos direitos indígenas. As leis nºs 1 e 2 das Planícies representavam "o projeto democrático mais completo do movimento armado" e a "utopia da resistência".

Ditadura da Guerra Fria

Em 1953, quando Gómez tentou retomar seu cargo, foi derrotado pelo único golpe de Estado ocorrido na Colômbia nos tempos modernos, em parte porque os conservadores estavam divididos entre extremistas e moderados. Estes últimos eram avessos ao para-Estado *contrachusma* e suas variantes, bem como à perseguição e à incriminação generalizada de irrepreensíveis cidadãos liberais. O general Rojas Pinilla, que na ocasião era o chefe do Exército, tomou o poder com o apoio dos opositores a Gómez dentro do Partido Conservador, com quem Rojas Pinilla tinha conexões pessoais e familiares. Rojas começou a moldar os sindicatos para convertê-los em um bloco clientelista. Seu discurso antioligarca e nacionalista permitiu que alguns acadêmicos o vissem como uma figura similar ao argentino Juan Domingo Perón. Mas Rojas Pinilla participou de derramamentos de sangue como comandante conservador – inclusive a Embaixada dos Estados Unidos se queixou de que ele "via um comunista atrás de cada cafezal" – e, como presidente, acumulou uma fortuna em negócios de gado e imóveis de legalidade duvidosa. Pinilla também interveio pessoalmente na libertação de "El Cóndor", o líder de *los pájaros*, da prisão de Buga, no vale do Cauca.

Com maior repressão descentralizada, a violência rural estava longe de se extinguir sob o mandato de Rojas Pinilla. A violência, que começou com Gómez, converteu-se em parte das políticas do governo central. O terror, antes unicamente regional, tornou-se nacional, pois em vez de diminuir, aumentava, inclusive depois de terminada a "ameaça guerrilheira". As bases do Estado de Segurança Nacional de Guerra Fria ergueram-se primeiro na Colômbia que em qualquer outro país da América Latina, tal era o modo como essas bases se entrelaçavam com as tradições *criollas* de sectarismo partidário.

Sob o mandato de Gómez, o sectarismo fez aflorar as diferenças no próprio sistema bipartidário. Entretanto, e para a satisfação dos liberais, Rojas Pinilla fez da "reconciliação" entre os dois partidos sua prioridade máxima. Nesse sentido, seu ato mais significativo como presidente foi declarar a anistia geral para as guerrilhas liberais. A primeira desmobilização, apoiada por comerciantes, proprietários e chefes políticos, ocorreu no centro de Tolima e foi muito divulgada, com o objetivo de convidar os chefes guerrilheiros do norte e do sul de Tolima a seguir o exemplo – o que eles de fato fizeram. Comandantes como Rafael Rangel, que operava no Magdalena Medio, e o capitão Franco Yepes, em Antioquia, não ficaram atrás. Depois de cinco anos de luta, as guerrilhas liberais mais fortes, compostas de aproximadamente dez mil homens nas planícies orientais, entregaram suas armas sob o comando de Guadalupe Salcedo.

Em resposta à oferta de Rojas Pinilla, o movimento de resistência da esquerda armada fragmentou-se, e a desmobilização da guerrilha das planícies cortou as asas do Ícaro revolucionário. Nesse contexto, sob uma intensa pressão militar, algumas milícias comunistas se desmobilizaram. Ao sul de Tolima, zona caracterizada pela liderança descentralizada, uma guerra liderada por antigos aliados liberais já reintegrados no aparato partidário (*los limpios*) conseguiu expulsar os comunistas (*los comunes*) de grande parte da região.

Aqueles que haviam mostrado um "exagerado apoio ou adesão" ao regime de Gómez, ou seja, as forças paraestatais, como a *contrachusma*, *los pájaros*, *los chulavitas* etc., obtiveram a anistia em junho de 1954. Entretanto, para erradicar um dos redutos comunistas que restava, em 1955 Pinilla desencadeou a "Guerra de Villarrica". O Batalhão Colômbia, formado por veteranos da Coreia, tinha por objetivo tomar um município do norte de Tolima que havia sido a sede de sindicatos camponeses e da Frente Democrática Comunista de Libertação Nacional. Rojas Pinilla ordenou um bombardeio aéreo com F-47 e B-26 doados pelos Estados Unidos. Além disso, foi estabelecido um centro de tortura conhecido como "Campo de Concentração de Cunday", e cinco mil soldados foram dispersos por toda a região. Espalhou-se *napalm* no "alvo", como na Coreia (e mais tarde no Vietnã), enquanto as forças do governo ocupavam a área. Cerca de cem mil camponeses foram desalojados, enquanto a metade das guerrilhas comunistas se transferiu para Sumapaz. Outra coluna, com cem homens armados e duzentas famílias, fez a lendária "longa marcha" desde a cordilheira oriental até as terras baixas para estabelecer os assentamentos de El Guayabero, a oeste de Meta, e El Pato, a noroeste de Caquetá. Os líderes sindicais e camponeses das montanhas se converteram em comandantes militares nas novas colônias agrícolas da fronteira em terras baixas, estabelecendo um padrão de luta que se desenvolveu ao longo dos anos de 1960 e 1970.

Em geral, *La Violencia* foi uma grande regressão histórica na qual as hostilidades partidárias impediram não só o legado do populismo de Gaitán, mas também a oportunidade de políticas de classe independentes baseadas no campesinato, nos artesãos, no proletariado e em frações importantes da classe média. Esse fato gerou novas formas de terror. No século XIX, os termos do combate militar foram acordados, mas durante *La Violencia* não foi respeitada nenhuma regra ou limite que protegesse adultos não combatentes e crianças. Apesar de sua geografia coincidir significativamente com as fronteiras cafeeiras estabelecidas em finais do século XIX e início do século XX, como demonstra o caso de Antioquia, *La Violencia* era mais que um aumento generalizado da concorrência bipartidária e do conflito em torno do clientelismo, da divisão de votos, da distribuição de terras e do controle do trabalho e dos recursos. Como aconteceu setenta anos antes com a Regeneração, a *Reconquista* de Gómez tinha como objetivo retornar à sociedade colombiana uma totalidade colonial idealizada em que os subalternos sabiam qual era o seu lugar, a fim de modernizar a economia capitalista com a indústria e as exportações de café.

Apesar de *La Violencia* ter recebido um impulso decisivo no âmbito nacional com a eleição de Laureano Gómez como presidente, em 1950, em geral esse movimento contrarrevolucionário foi orquestrado e controlado nos níveis regional e local. Os movimentos guerrilheiros regionais, alguns dos quais deixaram rebentos que floresceram em insurgências comunistas duradouras durante a Guerra Fria, formaram alianças com o Partido Liberal em todo o país. As forças paraestatais conservadoras ocuparam muitos cargos em municípios, corregimentos e veredas. Nos anos de 1930 e 1940, por meio da "questão agrária", o Partido Liberal fez importantes avanços nos distritos rurais, o que significou um desafio para o domínio conservador do interior do país pela primeira vez desde 1870.

Foi durante *La Violencia* que se estabeleceu o precedente da resolução sangrenta da questão agrária por meio do terror e da expropriação, institucionalizando formas de crueldade que se tornaram nacionais durante o que foi o desenvolvimento histórico mais retrógrado da América Latina em meados do século. Essas novas formas de violência se perpetuaram como parte do repertório contrainsurgente da Guerra Fria, ajudando a preparar o terreno para o aparecimento de uma insurgência armada de características endêmicas.

5. A Frente Nacional:
fechamento político (1957-1982)

> Não haveria como a Colômbia, em vez de matar seus filhos, torná-los dignos de viver? Se a Colômbia não pode responder a essa pergunta, então profetizo uma desgraça: "Desquite" ressuscitará e a terra voltará a se regar de sangue, dor e lágrimas.
>
> Gonzalo Arango, 1966

Quando Rojas Pinilla deixou clara a sua intenção de ficar indefinidamente no poder, acabando com seus oponentes e simulando ações populistas para o consumo urbano, a oligarquia, que sempre havia apreciado as regras civis, fechou o cerco diante da ameaça que representava a tentativa de Rojas de construir bases clientelistas independentes. No início de 1957, os dois partidos políticos queriam não apenas que Rojas Pinilla abandonasse o poder, mas também os industrialistas, os exportadores de café e a Igreja. Uma greve geral organizada pelos empresários o derrubou. Dois meses depois, exilado na Espanha de Franco, Laureano Gómez assinou o Pacto de Sitges com Alberto Lleras Camargo.

Esse pacto comprometeu formalmente conservadores e liberais a criar uma Frente Nacional que permitisse compartilhar equitativamente o poder entre os dois partidos, com a ocupação alternada da Presidência e a paridade quanto à repressão em todos os níveis governamentais. Apoiado pelas agremiações econômicas, pela Igreja e pelas elites partidárias, o pacto foi programado para durar até 1974, mas na prática se manteve, com modificações menores, até 1990. A Igreja, abandonando sua filiação exclusiva com o Partido Conservador, procurou unificar as duas formações.

As esperanças de unidade entre os grupos camponeses armados do país desapareceram quando Guadalupe Salcedo, ex-chefe da guerrilha de Los Llanos, foi assassinado em Bogotá, em 1957. Apesar de Laureano Gómez não ter assumido a Presidência, em 1958 regressou triunfante politicamente para presidir o Senado, onde processou Rojas Pinilla. Como o anticomunismo era um pilar fundamental de sua ótica como colunista político, líder do Partido Conservador e presidente, as obsessões paranoicas de Gómez com os "maçons" e os "ateus" foram toleradas. Assim como Rojas Pinilla, Gómez ajudou a institucionalizar a impunidade em relação à violência política, terminando como o mais vitorioso na luta de *La Violencia*. Apesar de os anos de 1950 terem representado um penoso retrocesso ao século XIX, Gómez e seus seguidores claramente se ergueram triunfantes dentro do quadro histórico do século XX com sua guerra total contra a população civil.

A Frente Nacional restaurou o sistema bipartidário quando haviam sido aparadas todas as arestas entre seus componentes. Sob as condições da Guerra Fria na Colômbia, um referente compartilhado, o anticomunismo, foi suficiente para unificar os partidos. O resultado foi a proscrição da expressão política das demandas radicais e reformistas estruturais, enquanto o Estado se converteu em uma máquina dos interesses comuns das elites, que os distribuíram entre elas, em todas as suas repartições públicas e cargos. As exportações de café criaram a base do orçamento estatal e subsidiaram uma indústria nacional protegida, enquanto as agremiações do setor privado fixaram as linhas da política econômica. Apesar dos mecanismos intervencionistas reguladores introduzidos por López Pumarejo nos anos de 1930 e 1940, o Estado liberal se converteu em um comitê executivo de uma burguesia que não tinha fração hegemônica nem projeto nacional. Desde o início, os suportes econômicos da Frente Nacional tinham seus dias contados.

Na maior parte do país, o poder político regional e local continuou sendo mais importante do que a autoridade do governo central e, apesar de ter sido oficialmente esquecida e de, segundo Gonzalo Sánchez, "*La Violencia* [...] ter constituído a essência do discurso da vida rural e da cultura política dos municípios" da Frente Nacional, foi impossível apagá-la da memória. Os efeitos se evidenciaram particularmente na proliferação do banditismo. Conservadores como Efraín González dirigiam bandos de homens jovens e solteiros que percorriam as cordilheiras central e ocidental cometendo atrocidades em busca de vingança pela morte de seus entes queridos. Durante a segunda fase de *La Violencia* em Antioquia (1950-1953), as guerrilhas liberais e a *contrachusma* conservadora nunca se enfrentaram, cada qual atacando a população civil. O mesmo aconteceu com Efraín Gonzáles e o "Capitán Desquite", o bandido contratado pelos donos das fazendas de café em Quindío para deter Efraín González; o mesmo "Capitán Desquite" que o escritor antioquenho Gonzalo Arango menciona na epígrafe. Bandoleiros e quadrilhas se moviam constantemente entre a cordilheira ocidental e a central, entre Quindío e Tolima. Com poucas exceções, os bandidos do eixo cafeeiro não duravam sob os acordos da Frente Nacional. As Forças Armadas colombianas, dirigidas pelo Batalhão Colômbia do Exército, que foi apoiado, treinado e financiado por assessores militares dos Estados Unidos, eliminaram-nos por meio da contrainsurgência.

Durante a Frente Nacional, os movimentos populares foram criminalizados pela legislação de estado de sítio que equiparou protesto e dissidência com "subversão" armada. As forças de oposição quase oficiais, tais como o Movimento Revolucionário Liberal (MRL), comandado por Alfonso López Michelsen, filho de López Pumarejo, contavam com apoio no campo, enquanto a Aliança Nacional Popular (Anapo), dirigida por Rojas Pinilla depois do seu regresso do exílio, tinha uma base crescente nas cidades; entretanto, ambos tinham de postular candidatos nas frentes liberais e conservadoras. O MRL atraiu intelectuais marxistas, escritores radicais, estudantes, trabalhadores do setor público excluídos das redes clientelistas bipartidárias, burocratas modernizantes e camponeses. A Anapo, na qual o bandido Efraín González participou ativamente até sua morte, em 1965, baseava-se no clássico populismo de direita: anti-imperialismo combinado com ataques ao controle da natalidade, com o apoio da Encíclica Papal de Paulo VI, em 1968. Os comunistas, já vetados das eleições, aderiram ao Partido Liberal, o que constituiu a "coluna vertebral", segundo o historiador Marco Palacios, das políticas da Frente Nacional, ao mesmo tempo em que se institucionalizava o padrão estabelecido sob o mandato de López.

A Frente Nacional consolidou então uma democracia oligárquica e excludente, que persistiu além de seus alcances oficialmente estabelecidos, em que dificilmente a metade da população votava. A Colômbia tinha os menores índices de participação eleitoral do continente. Se o país se salvou da experiência de ditaduras militares que nas outras nações da América Latina dizimaram o radicalismo camponês e de classe média e trabalhadora durante os anos de 1960 e 1970, foi porque a Frente Nacional se constituiu como uma ditadura parlamentar semiautoritária. Depois de *La Violencia*, apesar de a militância dos trabalhadores ter aumentado com a crise industrial de meados dos anos de 1960, o movimento operário encontrava-se fragmentado e frágil sob uma situação econômica que se deteriorava rapidamente devido à queda dos preços do café. Com o fechamento do espaço político no cenário civil bloqueando o reaparecimento de um vibrante populismo urbano concentrado nos sindicatos, parecia que só restava um caminho para o protesto social: a insurgência armada.

Nos anos de 1960 e 1970, justamente quando a maioria do país passou de rural a urbana, o veículo preferido das forças de oposição baseava-se nas insurgências armadas, apesar de estas não ocasionarem a construção de movimentos camponeses e operários mais fortes e coesos, mas, sim, a sua debilidade e fragmentação, com a exceção das Farc, que iam se convertendo no braço armado de um movimento de camponeses colonizadores da fronteira agrícola em Meta e Caquetá. As insurgências jamais conseguiram superar a instrumentalização dos movimentos sindicais, camponeses e estudantis, o que expôs os militantes civis à violência contrainsurgente do Estado e das forças recrutadas pelos latifundiários revanchistas.

As raízes da insurgência armada se encontravam na longa história das lutas camponesas e ocupações territoriais na fronteira cafeeira, mas foram engendradas por *La Violencia*, que persistiu como banditismo nos primeiros anos da Frente Nacional. Ainda existiam enclaves de resistência comunista, todos surgidos no decorrer de *La Violencia*. Em 1961, o senador e filho de Laureano Gómez, Álvaro Gómez Hurtado, criou o termo "repúblicas independentes" para se referir às dezesseis áreas sobre as quais o governo central não exercia nenhuma soberania. Sob a presidência liberal de Alberto Lleras Camargo – que esmagou a greve dos trabalhadores fluviais de 1945 e foi escolhido por Laureano Gómez como o candidato da Frente Nacional de 1958, além de participar da elaboração da Aliança para o Progresso a partir de 1962 –, essas "zonas vermelhas" estavam cercadas por um cordão militar que as isolava efetivamente do mundo exterior.

Quando a Revolução Cubana fez Washington tremer, surgiu uma nova urgência pela erradicação das guerrilhas na Colômbia como parte da Guerra Fria na época do Vietnã. Durante a Aliança para o Progresso, a contrainsurgência anticomunista passou à sua segunda fase, quando a missão dos militares latino-americanos mudou de "defesa hemisférica" para "segurança nacional". Como foi demonstrado na crise dos mísseis em Cuba, a "ameaça externa" da União Soviética seria dirigida diretamente pelos Estados Unidos, enquanto a "ameaça interna" de subversão comunista seria dirigida pela polícia e pelas forças armadas de cada país. A partir de 1961, um jovem veterano da contrainteligência que havia trabalhado na Alemanha e no Camboja, general William Yarborough, dirigiu o Centro Especial de Guerra em Ft. Braga e fundou os Boinas Verdes como unidade de forças especiais contrainsurgentes dentro do Exército para, um ano depois, em 1962, passar a dirigir uma missão militar para a Colômbia. Além de se queixar da falta de preparo e profissionalismo das Forças Armadas, Yarborough recomendou a organização de esquadrões da morte ("*localizadores*") que só prestavam contas ao governo dos Estados Unidos. Também aconselhou a implementação de programas para registrar, vigiar e interrogar a população civil das "zonas comunistas".

Apesar dos melhores esforços por parte dos Estados Unidos, essa contrainsurgência territorialmente fragmentada enfrentou o governo central quando o presidente Lleras Camargo estabeleceu uma burocracia governamental, o Instituto Colombiano de Reforma Agrária (Incora), em 1961, para, como o próprio nome diz, implantar uma reforma agrária. Esse instituto seria dirigido pelo primo do presidente, o senador Carlos Lleras Restrepo, que para isso criou um corpo de jovens economistas, muitos deles educados nos Estados Unidos. O poder de Lleras Restrepo dentro do Estado era apenas nascente e estava restrito ao Incora, mas sua visão de progresso supunha a eliminação das grandes fazendas, vistas como "feudais" e pouco produtivas, que mantinham "servos" sob uma cidadania de vassalos. O processo de reforma continuou lentamente com Guillermo León Valencia, um poeta da antiga cidade colonial escravista de Popayán. Entretanto, Valencia simpatizava com o general Franco e com a Falange espanhola e uma de suas principais promessas de campanha era eliminar as "repúblicas independentes".

Depois do crescimento sustentado no campo industrial e comercial dos anos de 1950, a crise econômica de 1962 produzida imediatamente após a queda dos preços do café conduziu aos menores índices de crescimento industrial desde o início da década de 1930. Próximo a 1964, o desemprego urbano havia se generalizado. Daí em diante seria possível prever as futuras rupturas da Frente Nacional.

O Plan Lazo, uma estratégia contrainsurgente de "coração e mente" concentrada em uma força cívico-militar e em unidades especializadas designadas para caçar e matar os supostos seguidores do comunismo, determinou que os civis brancos sempre seriam colaboradores. Como explicou o general Alberto Ruiz Novoa na Conferência das Forças Armadas Americanas na zona do Canal de Panamá em 1963, a única maneira de derrotar as insurgências era pela mobilização e militarização das comunidades rurais por meio da "ação cívico-militar". Ruiz Novoa havia sido o chefe do Batalhão Colômbia na Coreia e lutara contra o Exército Popular de Libertação chinês com os Ursos Polares da Trigésima primeira Infantaria do Exército dos Estados Unidos. Ruiz estava convencido de que para vencer as guerrilhas camponesas colombianas era necessário secar a água do peixe. Para isso, o Estado teria de investir em regiões de influência comunista, além de alistar nas Forças Armadas colaboradores civis. O general Ruiz considerava essas forças "camponesas de autodefesa" um grupo de elite treinado para coordenar com o Exército, particularmente em trabalhos de inteligência, de maneira similar ao que foi recomendado pelo general Yarborough, porém, nesse caso, com a ordem de prestar contas às autoridades colombianas. O plano de Ruiz, conhecido como Plan Lazo, isolaria as guerrilhas de sua potencial base de apoio por meio de melhorias de infraestrutura, saúde e educação.

Insurgência

As operações de contrainsurgência da Frente Nacional desencadearam uma onda de migrações armadas das terras altas da cordilheira central para as selvas ao sul e para as planícies orientais. O Plan Lazo fracassou dramaticamente no final de maio de 1964 quando, coordenadas com seus aliados norte-americanos, as Forças Armadas colombianas lançaram a "Operación Marquetalia", para retomar a municipalidade de mesmo nome, uma aldeia comunista no extremo sul de Tolima, na fronteira entre Cauca e Huila. Outro veterano da Guerra da Coreia, o tenente-coronel José Joaquin Matallana, dirigiu o ataque no qual foram utilizados helicópteros Huey, aviões de combate T-33, sete batalhões do exército, duas companhias contrainsurgentes especializadas e grupos de inteligência (GIL) destinados a arrasar a comunidade e seu lendário líder, Tirofijo. Nesse, e em outros ataques militares coordenados, conseguiram recuperar o território, mas por muito pouco tempo. O "inimigo" ainda estava solto. Depois da Marquetalia, as famílias, obrigadas mais uma vez a fugir, encontraram seu caminho para Cauca ou para as terras baixas tropicais de Caquetá e Meta. Os combatentes formaram uma coluna guerrilheira, já que não podiam se estabelecer em suas aldeias.

Tanto Matallana como Tirofijo concordaram que a Marquetalia obrigou os comunistas agrários a deixarem de ser uma milícia sedentária de autodefesa para se converterem em uma força móvel. Assessores do governo dos Estados Unidos haviam supervisionado a "Operación Marquetalia", também conhecida como "Operación Soberanía", de uma base militar próxima. Logo depois que a operação foi executada, comandantes da Marquetalia, Río Chiquito e El Pato reuniram-se como o Bloco Sul para lançar um novo programa agrário. Essa "resposta popular à violência e à agressão militarista" seria depois comemorada com o nascimento das Farc, grupo que foi assim nomeado oficialmente em 1966. As Farc funcionaram ao longo dos anos de 1970 como "uma estrutura regional de guerra social e de sobrevivência coletiva e individual", e desenvolveram-se no "cenário para a construção do verdadeiro poder local" (Leongómez, 1992). O segredo do sucesso inicial das Farc foi a subordinação das metas organizacionais insurgentes às exigências e aos movimentos de minifundiários, arrendatários e operários rurais na fronteira agrícola, o que garantia a continuidade com as lutas agrárias do passado.

Esse sucesso inicial se evidencia com importante clareza em comparação com os competidores da esquerda encarnados por duas outras forças guerrilheiras que surgiram durante esses anos. Em geral, o ELN é caracterizado como um grupo composto de jovens universitários de classe média que seguiu ao pé da letra a teoria do *foco* de Che Guevara. Um pequeno grupo de guerrilhas móveis – em vez da classe operária ou do campesinato em seu conjunto – estava convencido de que, dada a quantidade de camponeses na Colômbia e a história recente de mobilização armada popular durante *La Violencia*, poderia desencadear uma insurreição, com suas ações insurgentes ajudando a revolução socialista. Esse convencimento era típico das organizações que seguiam Guevara nesses anos. Para elas, a revolução era um ato de consciência, que seria capaz de superar as determinações materiais e políticas. Em outras palavras, pregavam um voluntarismo puro e bastante influenciado pela moral católica.

Entretanto, afora as diferenças estratégicas, o ELN, assim como as Farc, estava arraigado na história do radicalismo popular, do comunismo e da luta proletária camponesa dos anos da "Pausa Liberal" e de *La Violencia*. O patriarca do clã Vásquez, fundador do ELN, havia participado da tomada *gaitanista* do porto petroleiro do país, Barrancabermeja, em 1948, e durante *La Violencia* dirigiu as milícias liberais sob o comando de Rafael Rangel, quando morreu. Os irmãos Vásquez, Fabio e Manuel, foram a Cuba com um pequeno grupo de estudantes bolsistas durante a crise dos mísseis de 1962. Ao regressarem, estabeleceram o primeiro foco do ELN em San Vicente de Chucurí, Santander, onde as guerrilhas de Rafael estavam ativas, como haviam estado antes das guerrilhas liberais da Guerra dos Mil Dias.

O ELN contava com o apoio de parte do sindicato dos trabalhadores de petróleo (USO) e, em 1963, ao lado dos velhos camponeses colonizadores que haviam liderado o "levantamento bolchevique" em El Líbano, Tolima, em 1929, e as juntas *gaitanistas* em 1948, uniram-se à greve contra a recém-formada empresa petroleira estatal, Ecopetrol. Alguns quadros do ELN inicial haviam lutado com a guerrilha liberal de Rafael Rangel, enquanto seu líder, Fabio Vásquez, começou na ala juvenil do MRL, buscando uma maneira de vingar a morte de seu pai. Outros, como Manuel Vásquez e Rodrigo Lara, chegaram à guerrilha por intermédio da luta estudantil da Universidade Industrial de Bucaramanga (UIS). O ELN anunciou sua presença na "tomada de Simacota", uma aldeia de Santander, em janeiro de 1965; mais tarde, nesse mesmo ano, aceitou o cura e sociólogo Camilo Torres Restrepo dentro de suas alas. No início de 1966, Torres morreu em combate, fato que deu à teologia da libertação seu primeiro mártir.

Em 1967 foi formado o Exército Popular de Libertação (EPL), de tendência maoísta e, portanto, professando a ideia de radicalismo agrário armado. Um de seus fundadores foi Pedro Vásquez Rendón, o qual havia sido o dirigente político do PSD no sul de Tolima durante *La Violencia* e sugeriu a Pedro Antonio Marin o codinome de Manuel Marulanda Vélez, em homenagem a um dos líderes do PSR nos anos de 1920. O Partido Comunista Marxista-Leninista (PC-ML) surgiu das juventudes do PCC (Juco), em 1965, acompanhando a divisão sino-soviética. Com a ajuda do antigo comandante da guerrilha liberal e militante do MRL, Julio Guerra, o EPL estabeleceu um *foco* em Urabá com o objetivo de prosseguir a guerra popular prolongada. Assim como os maoístas, eles acreditavam que o campesinato, dirigido por um partido de vanguarda, desempenharia um papel preponderante na realização da revolução socialista em países como a Colômbia, países rurais e do "Terceiro Mundo" – termo utilizado por Mao em oposição à União Soviética.

Apesar do caráter internacionalista indefinível importado de Moscou e Pequim, está claro que os assuntos não resolvidos de *La Violencia* deram margem às três insurgências esquerdistas. Como grande parte do restante dos municípios e das veredas da sociedade rural colombiana, as guerrilhas viram-se marcadas pela experiência de *La Violencia*, inclusive décadas depois de esta ter sido dada oficialmente por terminada. Quindío e Risaralda, por exemplo, eram regiões cafeeiras que haviam sido o lar de pistoleiros conservadores e de quadrilhas de bandidos liberais, como a família de Vásquez e de Tirofijo. O sequestro, "*la vacuna*" (imposto) e "*el boleteo*" (impostos extorsivos obtidos por meio de cartas de ameaças ou bilhetes) se desenvolveram de início em Viejo Caldas e no norte do Valle; posteriormente, com novos nomes ("*retención*", "*impuesto de guerra*"), foram incorporados ao repertório das táticas guerrilheiras.

Tanto Fabio Vásquez como Tirofijo viram os conservadores assassinarem seus pais. A vingança pessoal deu aos movimentos guerrilheiros continuidade com *La Violencia*, como também o fizeram Ricardo Franco e Ericito Espitia. Ambos haviam estado com o chefe liberal regional Chispas antes de seguirem caminhos diferentes. Espitia foi um dos membros fundadores do ELN e Franco se converteu em comandante da Quarta Frente das Farc no Magdalena Medio.

Com o objetivo de evitar o que corretamente se percebia como uma ameaça de conflito recente nas fronteiras agrícolas do país, o presidente Carlos Lleras Restrepo (1966-1970), que havia sido um dos oponentes acérrimos de Gaitán dentro do Partido Liberal e que presidiu seu funeral, criou um novo programa de reforma agrária. Lleras também formou uma organização camponesa, a Associação Nacional de Usuários Camponeses (Anuc), para estimular o apoio clientelista à reforma agrária. Essa associação movia-se em direções radicais, muito além do que Lleras Restrepo e os tecnocratas liberais haviam imaginado, especialmente na costa atlântica, onde o sistema latifundiário era mais extensivo. Entretanto, sob o Decreto nº 3.398 de 1965, expedido por Valencia, e a Lei nº 48, aprovada pelo Congresso em 1968, os proprietários regionais organizaram esquadrões da morte segundo o modelo de *los pájaros* para atacar não apenas os camponeses, mas também a esquerda operária e estudantil, que foram alvos de assassinatos seletivos nas cidades. Essa continuidade se comparava à continuidade similar na contrainsurgência, cuja visão de guerra com civis foi refinada e sistematizada no âmbito da Guerra Fria.

CONTRARREFORMA, REPRESSÃO, RESSURREIÇÃO

A audácia ideológica e a relativa legitimidade popular dos grupos guerrilheiros na época não deveriam nos levar a exagerar o seu tamanho ou a negligenciar a rápida mudança demográfica das zonas rurais em relação às urbanas nessa época. Em meados da década de 1970, o EPL praticamente não existia; Fabio Vásquez havia passado os primeiros anos purgando as limitadas fileiras do ELN, e os *foquistas* foram quase eliminados por um ataque de 30 mil soldados em Anorí, Antioquia, em 1973. As Farc ainda estavam confinadas principalmente a Meta e Caquetá, regiões de terras baixas a sudeste de Bogotá, que haviam ajudado a colonizar. Enquanto isso, nas cidades, onde agora viviam dois terços dos colombianos, o desemprego aumentava bruscamente durante a década de 1960, apesar de a educação superior e os serviços de saúde também terem se expandido. As políticas industriais protecionistas não conseguiram gerar emprego, e por isso as classes trabalhadoras, classe média baixa e média viram suas esperanças se desvanecerem.

A deterioração da Frente Nacional era claramente visível. Em 1969, a Anapo ganhou a maioria dos conselhos municipais e das assembleias departamentais. Em 1970, Rojas Pinilla, lançando-se como conservador com um programa contra a Frente Nacional, mobilizou um discurso antioligárquico que recordava o de Gaitán, complementado por uma defesa reacionária da tradição católica que pouco a pouco perdia terreno diante da influência dos meios de comunicação. Com essa plataforma, conquistou 39% dos votos, principalmente entre as classes operária e média baixa das cidades.

A Frente Nacional recorreu à fraude de último minuto para negar-lhe a vitória e impor seu candidato, o conservador Misael Pastrana. Uma vez no poder, ele financiou obras públicas e remodelação urbana em uma tentativa de gerar emprego e a aparência de reforma, mas também apoiou um processo de contrarreforma no campo. As agremiações de criadores de gado (Fedegan), de empresários da agricultura e latifundiários (SAC), assim como de industriais (Andi), estavam unidas em sua determinação de retomar as reformas iniciadas durante o período de Lleras Restrepo (ou, como fizeram em Urabá os fazendeiros com a Lei nº 200 em 1936, colocá-las a seu favor e para o seu benefício). A reação foi uma resposta às tomadas de terras da Anuc que assolaram Boyacá, Tolima, Huila, vale do Cauca, Magdalena Medio, as planícies orientais e a costa atlântica. Em 1971, em Toribío, no Cauca, formou-se o Consejo Regional Indígena do Cauca para elaborar propostas de desenvolvimento local baseadas na recuperação de reservas que haviam sido incorporadas a grandes propriedades privadas. Por meio do processo de definição de suas metas, como a obtenção da autonomia indígena, entre 1914 e 1944, membros do Consejo Regional Indígena del Cauca (Cric) uniram-se às lutas de Quintín Lame e do PCC. Posteriormente, concentraram-se na luta pela terra como a base da vida e da cultura coletiva, por um autogoverno local, por meio de *cabildos* e da formação de amplas alianças nacionais populares com intelectuais, operários e, especialmente, camponeses não indígenas, com o propósito de superar as barreiras regionais, étnicas e de classes que constituíam um obstáculo à unidade popular. Na fronteira de Urabá, em extensas áreas de criação de gado no Valle de Sinú, em Córdoba, onde a resistência *gaitanista* foi forte em 1948, e no vizinho Sucre, a Anuc dirigiu um terço do total nacional de marchas e tomadas de terras entre 1970 e 1973. As planícies interiores da costa atlântica foram, assim, a base da luta agrária nesse período. A Anuc, frustrada com as limitações das mudanças sob o comando de Lleras, contava com o firme apoio dos partidos de esquerda, de um vigoroso movimento universitário que na época estava protestando contra a privatização da educação pública, e também das insurgências que procuravam canalizar o movimento para fins sectários.

Em janeiro de 1972, com o intuito de forjar o "pacto" de Chicoral, Pastrana uniu-se aos líderes dos dois partidos, assim como às principais agremiações, a quem, em troca do pagamento de impostos dos proprietários das terras, foram prometidos créditos fáceis, empréstimos generosos e uma redistribuição da terra ainda mais limitada. Também os ajudou gratuitamente a organizar a violência contra os camponeses e os líderes de esquerda, coordenando seus esforços com as Forças Armadas, tudo em muito pequena escala. Em 1971, dez anos depois de Lleras Restrepo ter iniciado a reformam agrárias com a Lei nº 135, e cinco anos depois de implementá-la como presidente, apenas 1% das terras que entraram no âmbito da reforma havia sido expropriado. Os latifundiários, com bases de poder regional, formaram um sólido muro de contenção. Como aqueles experimentos desenvolvidos durante os anos de 1930, outros mais foram realizados com a legislação progressista na década de 1960, deixando claro que as facções da elite que concordavam com a reforma não contavam com a capacidade para alcançar certa hegemonia dentro da classe dominante colombiana. O poder regional fundamentado no comércio e na terra se interpunha no caminho.

O presidente López Michelsen (1974-1978), filho de López Pumarejo, havia sido um intelectual e importante ator político por seus próprios méritos durante décadas e, como fundador e líder do MRL, também se rebelara ferozmente contra o seu partido durante a Frente Nacional. Seu mandato foi tecnicamente o último sob a Frente Popular. Por intermédio de caciques populares, como Alfonso Barberena, líder dos assentamentos de invasão em Cali, López Michelsen cortejou o distrito eleitoral urbano que havia apoiado anteriormente Rojas Pinilla. López esboçou duas Colômbias. A primeira, relacionada com o café e a indústria, incluía Antioquia, os departamentos ocidentais andinos (Valle, Caldas, Risaralda, Quindío) e o porto caribenho de Barranquilla, e recebia a maior parte do investimento governamental em infraestrutura e serviços de governo. Cinco por cento da população, dona de mais da metade da terra, recebia a metade da receita nacional, vivia e governava a primeira Colômbia. A segunda Colômbia, que cobria 70% do território nacional, era habitada por afro-colombianos, indígenas e *pobladores* da fronteira que viviam nas planícies e terras baixas mais ao sul e a leste, e nas costas do Pacífico e do Atlântico. Essas regiões recebiam pouco investimento e contavam com escassa presença estatal, eletricidade, serviços públicos e inclusive uma infraestrutura mínima. Apesar de ser esquemático, o discurso de López Michelsen insinuava, em grandes traços, a realidade da geografia política e econômica de um país fraturado por um sem-número de fronteiras internas fora do alcance do Estado central, o qual concentrava sua atenção e dirigia o investimento para o corredor industrial-cafeeiro do interior andino.

Embora os preços do café tenham temporariamente atingido novas alturas em meados da década de 1970, os volumosos orçamentos estatais, as exigências de pagamento dos juros da dívida externa, o quase colapso das indústrias tradicionais e a oposição da elite fizeram as promessas de reforma e integração nacional de López Michelsen ficar no ar. Apesar de López ter anunciado seu objetivo de converter a Colômbia no "Japão da América do Sul", foi o primeiro presidente da Frente Nacional a propor medidas neoliberais. Tendo como modelo o Chile de Pinochet, López exigiu uma liberalização do mercado, privatização das empresas estatais e descentralização fiscal. Os empresários emergentes no negócio da maconha e da cocaína ajudaram essa mudança de direção lavando dinheiro legalmente por meio do Banco de la República e tirando proveito da política monetária de baixas taxas de juros que estimulava as empresas de seguros, hipotecárias e a especulação de imóveis urbanos.

O descontentamento urbano era cozido em fogo lento, assumindo uma forma dramática em 1974, quando um novo grupo, o M-19 – chamado assim pelo movimento 19 de abril de 1970, data em que Rojas Pinilla foi derrotado nas eleições –, anunciou seu surgimento roubando a espada de Bolívar de um museu no centro de Bogotá. Composto de *anapistas* de classe média, assim como de jovens dissidentes das Farc e do PCC, o M-19 teve, desde o início, uma percepção aguda sobre como explorar melhor os meios de comunicação para cultivar a mesma aura de bravatas românticas que cercou as guerrilhas urbanas do Cone Sul, cujos veteranos engrossaram as alas do "eme".

O M-19 era um movimento explicitamente nacional--popular, com ambições eleitorais seguindo a tradição de Gaitán, cujo objetivo não era a derrubada do capitalismo ou do Estado colombiano, mas a abertura do sistema político existente para a concorrência eleitoral – nesse sentido, o M-19 era semelhante ao M-26 de Castro na Cuba pré-revolucionária. O M-19 gerou um apoio amplo, embora difuso, entre as classes média e trabalhadora que votaram em Rojas Pinilla e López Michelsen, provando ser muito mais "popular" do que as Farc ou o ELN.

Em meados da década de 1970, novos focos de protestos urbanos começaram a proliferar em torno de demandas por serviços públicos, dirigidos pela classe operária subempregada ou desempregada nas periferias das cidades e mobilizados por associações de vizinhos e cooperativas, em vez de sindicatos. Em 1977, as três confederações sindicais mais importantes se uniram para realizar uma parada cívica, respaldada pelo novo movimento das periferias urbanas, duramente reprimida pelo general Camacho. Daí em diante, os altos índices de desemprego, os salários cada vez mais baixos, a previdência social decrescente e o aumento do "setor informal" – no qual mais da metade do proletariado colombiano estaria trabalhando em 1985 – debilitaram ainda mais um movimento sindical já frágil e dividido.

A derrota da paralisação cívica estabeleceu o cenário para a propagação de medidas enérgicas durante o mandato do próximo presidente liberal, Julio César Turbay Ayala (1978-1982). O general Camacho foi escolhido para dirigir o assalto às cidades por parte do exército, da polícia, dos serviços de inteligência e de um número crescente de organizações paramilitares. Começaram a proliferar os detidos, torturados, encarcerados ou "desaparecidos", assim como os esquadrões da morte ao estilo argentino, como a Aliança Anticomunista Americana (AAA). A violência política tornou-se muito mais intensa do que havia sido durante a década anterior, e as forças do general Camacho atacaram com particular brutalidade o M-19. Pela primeira vez, as operações contrainsurgentes afetavam a vida cotidiana nas cidades e, ao lado dos países do Cone Sul, a Colômbia começava a receber atenção por parte do movimento internacional de direitos humanos devido ao terror estatal.

Com os sindicatos e os movimentos cívicos urbanos em retirada e o aumento da repressão estatal, o clima no final da década de 1970 e início da de 1980 em geral era propício para o crescimento da guerrilha. Entretanto, ainda não havia um discurso dos "atores armados da esquerda e da direita", como surgiu pela primeira vez entre analistas dos Estados Unidos com referência a El Salvador na década de 1980. A repressão brutal do governo de Turbay, associada às esperanças desencadeadas pela revolução nicaraguense e pelos processos em desenvolvimento em El Salvador e na Guatemala, proporcionou às guerrilhas um novo sopro de vida. Enquanto na Nicarágua os sandinistas haviam mostrado que a luta armada era o caminho para derrubar uma ditadura, as guerrilhas colombianas argumentavam que o governo Turbay não era diferente das juntas militares do Cone Sul, por demonstrar desprezo pela história colombiana e latino-americana.

Entretanto, essa última fase de crescimento da guerrilha foi acompanhada por um clima político-econômico de mudanças rápidas e radicais. Já havia iniciado o processo de reestruturação da oligarquia, fragmentada pelo longo período de estagnação da manufatura industrial nas décadas de 1960 e 1970. Algumas facções importantes transferiram seus investimentos da produção para a especulação e a captação de rendas. Multiplicaram-se os novos enclaves dominados pelo capital estrangeiro, assim como as economias monoprodutoras, tais como as petroleiras de Arauca e do norte de Santander, a carbonífera de La Guajira, a bananeira em Urabá e a aurífera do sul de Sucre. Essas últimas mudanças deram às guerrilhas as bases materiais para sua expansão. O ELN foi o primeiro grupo a reformular seu esquema financeiro para a captação de rendas desses setores por meio do sequestro e da extorsão.

O negócio de maconha, inicialmente organizado em baixa escala por alguns veteranos dos Corpos da Paz e seus aliados nacionais, floresceu nos departamentos de Cauca, César, Magdalena e Guajira e os contrabandistas colombianos assumiram rapidamente a etapa da exportação. Os bancos e os negócios na área da construção tiveram rápido crescimento e surgiu uma nova camada de capitalistas cuja riqueza provinha da exportação de narcóticos e da economia de guerra e lhes permitiria financiar a contrainsurgência. A base conservadora continuou encolhendo.

Embora a fumigação dos campos de maconha em Cauca e na Sierra Nevada de Santa Marta e a extradição para os Estados Unidos dos principais líderes do tráfico de maconha tenham se iniciado sob o governo de Turbay e mostrado alguma eficácia quanto aos resultados, a cocaína já havia substituído a maconha como mercadoria mais rentável para a exportação. No início dos anos de 1980, os mafiosos da cocaína entraram na política enquanto a luta "antidrogas" se convertia no pivô das relações diplomáticas entre os Estados Unidos e a Colômbia. O predomínio econômico do setor cafeeiro iniciara seu declínio; o Partido Liberal teve um estímulo com o comércio de drogas que lhe permitiu sobreviver, enquanto o Partido Conservador quase desapareceu. Os tecnocratas modernizadores de Bogotá viram diminuir ainda mais seu já limitado poder sobre os departamentos como novos intermediários políticos e mostraram-se dispostos a trabalhar com a máfia da cocaína para dominar os cenários políticos regionais e locais. O clientelismo provincial modernizou-se, e tanto a polícia quanto o exército assumiram papéis de maior destaque como defensores da "ordem pública".

Foi nesse novo contexto que o ELN renasceu depois de sua aniquilação em Anorí. Como parte de uma estratégia baseada no novo padrão de extração de recursos do país, a partir do início da década de 1980, células do ELN apareceram nas regiões petroleiras de Arauca e do Norte de Santander, na zona mineira de La Guajira, El Cerrejón, e nas regiões de mineração de ouro do sul de Bolívar e no nordeste de Antioquia, oferecendo um novo modelo de revolução inspirado na América Central, em vez de Cuba. Tendo por base a teologia da libertação, o ELN uniu-se aos movimentos populares e trabalhou estreitamente com os setores mais radicais do sindicato dos trabalhadores de petróleo, o USO, enquanto o petróleo alcançava o café como o mais importante produto colombiano legal de exportação. O que as Farc haviam feito em seu início, o ELN passou a fazer quando abandonou a teoria do *foco* do Che e rompeu com Fabio Vásquez. Mais estreitamente vinculado à exportação devido à sua localização na geografia econômica do país, o ELN ampliou seu poder local apoiando os movimentos populares, estratégia que as Farc iam deixando para trás como parte de sua transição para uma guerrilha de expansão.

Essa jogada das Farc surgiu como resposta à competência armada da esquerda. Em 1982, em seu sétimo Congresso Nacional, as Farc abandonaram sua estratégia defensiva em teoria – já o estavam fazendo na prática – para se projetar por todo o território nacional; uma mudança simbolizada pelas iniciais EP (Ejército del Pueblo) que foram acrescentadas ao nome do grupo.

As Farc já se haviam expandido desde suas bases em Caquetá, Meta e Putumayo para Urabá, Magdalena Medio e algumas áreas das planícies selváticas no sudeste (Guaviare, Vichada e Vaupés); zonas vastas e escassamente povoadas com maioria indígena. Esse foi o ponto decisivo com base no qual, alimentando-se dos impostos arrecadados da nova e próspera indústria da cocaína, as Farc se converteram em um empreendimento militar dedicado à expansão territorial e ao controle da população e mobilidade dos civis dentro de suas zonas de operação.

Durante a Frente Nacional, os governos liberais tentaram, e falharam, a implementação da reforma agrária, e não conseguiram derrotar as insurgências armadas nas regiões recentemente colonizadas. Por meio do terror sancionado pelo Estado em forma de esquadrões da morte, desde meados até o final da década de 1970, tentou-se deter e fazer retroceder uma nova onda de protestos populares radicais por parte de sindicatos, estudantes e vizinhos da fronteira urbana, junto a uma nova insurgência guerrilheira urbana. Esses esquadrões, projetados para lidar com a incapacidade do governo colombiano em deter a expansão da insurgência, estavam estruturados de maneira similar àqueles que operavam nas sociedades da América Central e do Cone Sul. O anticomunismo, santificado pela Igreja Católica, uniu as peças quebradas do sistema bipartidário.

Entretanto, no final dos anos de 1970 e início dos de 1980, a repressão intensa diminuiu a autoridade estatal e criou um clima em que as insurgências de esquerda prosperaram. Esse florescimento constituiu um desafio para os esquadrões da morte, que se consolidaram como forças paramilitares regionais. A violência política e criminal, alimentando-se uma da outra, e o homicídio converteram-se nas causas principais de morte entre os homens, especialmente nas crescentes periferias urbanas. Uma importante mudança econômica para a captação de renda, a especulação de terras e imóveis urbanos, assim como para as exportações de maconha e cocaína, anunciaram a morte da república cafeeira. Ao mover a base produtiva da indústria manufatureira e das exportações de café para os enclaves de exportação e as fronteiras cocaleiras, as corporações multinacionais, a narcoburguesia e os tecnocratas encarregados de "modernizar" o Estado colombiano criaram as condições necessárias para o ressurgimento da guerrilha. A aceleração da repressão estatal e paraestatal garantiram o terreno.

6. Negociando a guerra suja (1982-1990)

> É uma guerra de todos contra todos [...] É uma guerra não só punitiva, mas também uma guerra preventiva contra quem se supõe que possa vir a ser subversivo [...] É uma guerra que joga com os que não estão nela, uma guerra suja [...] Não é apenas uma guerra contra o Estado, ou do Estado contra a sociedade; é uma guerra da sociedade inteira consigo mesma. É um suicídio coletivo.
>
> Gonzalo Sánchez, *La degradación de la guerra*, 1991

Semelhante ao caso da economia de exportação cafeeira, o negócio do transporte e do processamento de cocaína encontrou seu eixo central em Medellín. Essa nova economia conseguiu articular a Colômbia das cordilheiras central e ocidental com a Colômbia das planícies orientais e das costas do Pacífico e do Atlântico por meio da separação de cidades intermediárias, como Florência e Villavicencio, e também pela abertura de novos caminhos e aeroportos. Medellín, ponto de intersecção, recuperava assim sua glória industrial desvanecida ao se converter no centro do único produto de exportação que os colombianos fabricavam e controlavam totalmente, e sobre o qual se construiu um monopólio que foi favorecido e consolidado com a migração de Antioquia e Cali para o sul da Flórida e para Jackson Heights, em Queens, que facilitou redes de distribuição próprias para os reconhecidos cartéis de Medellín e Cali.

O crescente poder da máfia tornou-se pela primeira vez público nas eleições de 1982, quando Pablo Escobar e outros traficantes incursionaram na política nacional, principalmente por meio do Partido Liberal. Na época, a cocaína já havia superado o café, com aproximadamente 30% do total das exportações colombianas. No Congresso, Escobar se converteu em deputado suplente pelo Partido Liberal, sob a tutela de Alberto Santofimio, um dos chefes políticos (*caciques*) mais corruptos e reconhecidos. Essa aliança se desenvolveu depois que Escobar foi expulso do "Novo Liberalismo", fundado por Luis Carlos Galán e Rodrigo Lara Bonilla, políticos de nova geração que se opunham publicamente à crescente influência dos empresários da cocaína e, dentro do seu partido, disputavam a legitimidade com os caciques tradicionais, como Santofimio.

Vinculados aos órgãos repressivos do Estado, à Igreja e aos dois partidos, os esquadrões paramilitares emergentes conseguiram se beneficiar das exportações de cocaína em uma escala muito maior do que as Farc, embora não de imediato. Esse aspecto tão lucrativo de sua cruzada foi assumido desde suas próprias origens como esquadrões da morte dos cartéis de droga e nas fazendas de gado do Magdalena Medio. Em 1981, narcotraficantes como Escobar, os Ochoa, Carlos Lehder, Victor Carranza e Gonzalo Rodríguez Gacha organizaram o MAS ("Muerte a Secuestadores"), uma força paramilitar de direita decidida a livrar o Magdalena Medio de "subversivos". Baseando-se nos achados do informativo do procurador geral da República sobre o MAS, o então ministro da Justiça Lara Bonilla trouxe a público as conexões na formação desse agrupamento entre oficiais do exército e policiais da ativa e reformados, caciques eleitorais, criadores de gado e narcotraficantes.

Assim como *los pájaros* da década de 1950, o raio de ação do MAS em seu início foi estritamente regional, mas logo se estendeu e se ramificou. Gonzalo Rodríguez Gacha havia trabalhado como tenente sob o comando de Gilberto Molina nas minas de esmeralda de Boyacá, região em que cada *capo* tinha um aparato militar rudimentar para conseguir controlar o trabalho e os concorrentes. Devido a essa trajetória, tanto Rodríguez Gacha quanto Víctor Carranza serviram de pontes entre o paramilitarismo financiado pelo narcotráfico no Magdalena Medio quanto nas terras baixas do sudeste de Meta e Caquetá – ou seja, entre a primeira e a segunda Colômbia; entre o país das Farc e o da

Frente Nacional. Em 1983, como chefe da Federación de Ganaderos (Fedegan) em Antioquia, Pedro Juan Moreno Villa defendeu o MAS em um debate público com Lara Bonilla em Puerto Berrío, construindo outra ponte que se estendia desde o Magdalena Medio até o nordeste de Antioquia e Urabá. Um esboço regional de um narcoparamilitarismo era cada vez mais visível.

O líder paramilitar que conseguiu unificar os grupos regionais dispersos sob um único comando nacional, Carlos Castaño, descreveu uma formação mais internacionalista em sua autobiografia de 2001, *Mi confesión*. Castaño conta que, em 1983, sendo um ex-membro da patrulha de reconhecimento do Exército, quando estava com 18 anos e servia nas alas do MAS, sua família o enviou a Tel Aviv, Israel, para ser submetido a treinamento. Ao dar detalhes de como ordenou e participou de massacres de civis, Castaño insiste que copiou "o conceito das forças paramilitares dos israelenses". Como descreve mais adiante, as lições aprendidas no Líbano, na Cisjordânia e em Gaza foram aplicadas no Magdalena Medio. Castaño trabalhava sob o comando de seu irmão narcotraficante, Fidel Castaño, também conhecido como "Rambo", um sócio de Pablo Escobar que depois se dedicaria em tempo integral a comandar os esquadrões da morte paramilitares e a cultivar sua coleção particular de arte moderna. A "Casa de Castaño", como Fidel Castaño chamava seu movimento contrainsurgente regional, havia iniciado sua ascensão.

O assassinato de Lara Bonilla, ministro da Justiça de Betancur, em 1984, sob as ordens de Pablo Escobar, significou uma nova onda de repressão junto ao negócio da cocaína, o que ajudou essa economia ilegal a sair da crise em que havia caído durante esse ano. No dia do enterro de Lara Bonilla, por exemplo, em Calamar, Guaviare, o preço de um quilo de pasta de coca era 200 mil pesos; uma semana depois, custava 800 mil. Os investimentos do narcotráfico em terras, que inicialmente se concentraram no Magdalena Medio, aumentaram rapidamente.

No âmbito regional, os exportadores de cocaína, que na época haviam investido também na área das finanças, da construção e das comunicações, fundiram-se com as forças de autodefesa camponesa a fim de proteger suas propriedades recém-adquiridas, enquanto ao mesmo tempo se alinhavam aos chefes do Partido Liberal nas regiões, assim como com membros do exército e da polícia ativos e aposentados. Cada vez mais, essa nova aliança de direita estabeleceria os parâmetros da política colombiana.

Abertura

Apoiado pelo "Novo Liberalismo", o presidente conservador Belisario Betancur (1982-1986) fez a primeira tentativa de negociar um cessar-fogo e uma agenda de paz com as insurgências, enquanto seu oponente liberal, López Michelsen, exigia a derrota militar dessas na fronteira com a Venezuela. Em determinado momento seguidor de Laureano Gómez, Bentancur, por seu temperamento solitário dentro do sistema, se comovia diante da difícil situação em que se encontrava a maioria dos colombianos. Tudo parecia indicar que sua aspiração de melhorá-la não encontrava eco em nenhum cinismo. Em 1982, como um primeiro passo, declarou anistia e libertou mais de mil ativistas políticos e guerrilheiros encarcerados sob o draconiano Estatuto de Segurança do governo anterior de Turbay Ayala e do general Camacho. Betancur afirmou que a desigualdade social era a culpada das enfermidades produzidas pelas guerrilhas e insistiu na supervisão no nível executivo, em vez do legislativo, das negociações de cessar-fogo (embora finalmente qualquer reforma proposta tivesse de passar primeiro pelo Congresso). À luz do presente e do passado da Guerra Fria colombiana, Betancur surge como um dos presidentes mais lúcidos da segunda metade do século XX.

Essa série de iniciativas foi apenas o início do período que Betancur chamou de "abertura política", concebido como uma janela através da qual seria possível vislumbrar a desmilitarização da vida política e social e produzir uma discussão séria de problemas como a exclusão política; a falta de educação, de serviços e infraestrutura; a expropriação violenta e a negligência governamental no campo; o desemprego e a queda do emprego na indústria manufatureira.

O fracasso do processo pode ser facilmente explicado. As guerras de contrainsurgência financiadas pelos Estados Unidos na América Central estavam entrando em fases críticas, porque o contexto internacional pôs um freio em uma solução política negociada para o conflito armado na Colômbia. O embaixador dos Estados Unidos, Lewis Tambs, criou o termo "narco-guerrilla", em 1984, ano em que foi implementado o cessar-fogo, sugerindo que as Farc eram uma organização criminosa, não política, e portanto não podia entrar em uma negociação. Como se não bastasse, Betancur também não recebeu apoio decisivo por parte de nenhuma fração da classe dominante, e sua política de paz tornou-se então dependente da vontade de um Congresso avesso a mudanças estruturais.

Condições favoráveis para que as guerrilhas se unissem formalmente à esfera política pública desencadearam reações por parte tanto das elites latifundiárias locais como do alto comando das Forças Armadas colombianas, que lutaram contra a política do governo central usando o terror contrainsurgente financiado, em parte, pelos lucros da exportação de cocaína – mais ou menos da mesma maneira como os contra nicaraguenses lutaram para derrubar o regime nacional popular dos sandinistas. No extenso vale do Magdalena Medio, nas planícies orientais, no nordeste de Antioquia e no sul de Córdoba, as elites agrárias tradicionais juntamente com as novas elites comerciais, financeiras e industriais da cocaína, estabeleceram cabeceiras regionais que operavam como centros de proteção e operações de exércitos privados e impérios rurais de contrainsurgência à margem da lei.

Assim como durante *La Violencia*, mais que as guerrilhas em si, presentes nas regiões anteriormente mencionadas, o que irritava tanto os narcotraficantes quanto os latifundiários tradicionais eram os processos de auto-organização das classes subalternas dos quais a insurgência guerrilheira era apenas uma faceta. A auto-organização conduzia a exigências cada vez maiores de redistribuição da terra, reorientação dos créditos e novas melhorias tecnológicas subsidiadas pelo Estado. Liberados pela Fedegan, por meio da qual se organizavam as relações entre paramilitares e a sociedade civil, os oligarcas latifundiários decidiram que já era tempo de calar as demandas populares. Isso significava morte aos camponeses sem terra, aos pequenos agricultores endividados, aos proletários rurais e aos movimentos urbanos que exigiam melhorias na habitação, nos serviços e na educação pública.

Os três agrupamentos insurgentes que entraram em negociações (Farc, EPL e M-19) previram a repressão pública e privada sancionada pelo Estado e canalizaram suas forças para explorar as contradições do processo de paz para avançar sua própria posição no jogo da guerra, enquanto chamavam a atenção para os crescentes abusos militares e paramilitares. Firmemente arraigado nas savanas de Córdoba e nas zonas bananeiras de Urabá, o EPL enfatizou sua forte presença nos sindicatos e nas comunidades dessas duas regiões. As Farc, por sua vez, no momento em que se havia chegado a um acordo, no final de 1984, conseguiram dobrar seu número de frentes de 14 para 28. No ano seguinte, 1985, o M-19 se retirou da trégua, não sem antes denunciar as violações do exército ao cessar-fogo estipulado e esperar, inutilmente, que uma greve geral em junho desse ano se convertesse em uma insurreição urbana. Em novembro do mesmo ano, seus comandos organizaram um ataque ao Palácio da Justiça em pleno centro de Bogotá, confinando a Corte Suprema e exigindo negociações. Essa operação terminou como um dos maiores desastres históricos da insurgência armada na Colômbia. Betancur cedeu diante do alto comando militar, o qual, depois de ter sido superado pelo poder civil do executivo, o derrubou. O Exército respondeu, então, atacando com um assalto de tanques e homens que terminou com a matança de todos aqueles que estavam ali detidos. Esse massacre marcou o início do fim do M-19 como força político-militar, pois seu equívoco tático foi tão grave em termos políticos como em termos humanos.

À medida que o processo de paz se degenerava, os desenvolvimentos no Magdalena Medio encontravam aprovação oficial. Em 1985, em um discurso na Plaza Jorge Eliécer Gaitán de Puerto Boyacá, Betancur declarou que o povoado era "um exemplo para todos os colombianos de que a paz pode ser conseguida". Também destacou o general Yanine como símbolo da ressurreição do Magdalena Medio. Nesse ano, a paz foi, então, entendida de maneira oficial como contrainsurgência bem-sucedida baseada na "limpeza política" e na colaboração próxima entre civis e Forças Armadas. As demonstrações exemplares de violência pública e privada tornaram-se cada vez mais comuns à medida que o MAS, seguindo o padrão estabelecido na Guerra Fria, fazia comungar terror com impunidade.

No contexto do contratempo do cessar-fogo e da "abertura política" no final de 1985, as Farc criaram a União Patriota (UP) junto ao PCC, partido projetado como uma frente civil para ajudar a consolidar uma base de poder dentro do sistema político formal visando à deposição das armas. A estratégia de política eleitoral armada trouxe consigo grandes riscos para os que apoiavam a UP, em especial sindicalistas e quadros do PCC. Entretanto, para os ativistas de quase todas as correntes ideológicas comprometidas com a mudança social, a UP se converteu em um terreno de encontro para um radicalismo amplo professado por uma nova geração que procurava superar o sectarismo da década de 1970. A maioria deles não tinha nada a ver com as Farc ou com o PCC, e por isso não se uniu à doutrina leninista *criolla* da "combinação de todas as formas de luta" nem à burocratização do partido. Os militantes da UP trabalhavam pela paz, justiça social e "mudança revolucionária" com base no terreno eleitoral. Em seu compromisso para encontrar um caminho democrático para a revolução, assemelhavam-se à UP chilena dos anos de 1960 e 1970, com a diferença de que o seu fracasso se tornaria mais trágico.

Devido à correlação de forças, essa política eleitoral social-democrata, vinculada à maior formação guerrilheira do país, resultou no aumento do número de execuções extrajudiciais de ativistas políticos e militantes de esquerda, principalmente nas regiões de fronteira. A facção "ortodoxa" das Farc assim o entendeu e encarou a batalha dentro das alas como uma militarização ainda maior. Jacobo Arenas, o único proletário em um Secretariado de esmagadora maioria camponesa, foi a força motriz por trás da UP. Seu sonho não era encontrar um caminho parlamentar para o socialismo, como no caso de Salvador Allende, mas construir uma máquina moderna de guerra com a qual lutar contra o Estado colombiano e o imperialismo norte-americano. Dois anos depois de sua fundação e na trágica confirmação da posição ortodoxa das Farc, que terminou convertida em premonição, haviam sido assassinados cerca de 500 militantes da UP, incluindo o candidato presidencial Jaime Pardo Leal, que em 1986 ganhou mais votos do que qualquer outro candidato de esquerda na história colombiana.

Pardo soube que tanto a UP quanto os sindicatos tinham de ser independentes das Farc se quisessem que as reformas que buscavam fossem realizadas. Um dissidente do PCC deu a seguinte declaração: "Se não adotássemos a democracia e a paz de uma maneira que fosse perfeitamente aberta, mas continuássemos jogando nos dois níveis, com a UP e o partido na esfera legal e nas Farc e na guerra, estaríamos destinados ao holocausto". A ala ortodoxa das Farc não tinha nenhuma intenção de deixar que seu "instrumento político" ficasse independente, uma visão estreita que ganhava adeptos à medida que os corpos assassinados se amontoavam. Mais adiante, e sem uma análise crítica, as Farc justificaram sua existência usando o termo que as famílias da UP utilizavam para se referir aos homicídios em cadeia: "genocídio político".

Agora, sabe-se que a maioria dos assassinatos dos seguidores da UP foi responsabilidade de Rodríguez Gacha, Víctor Carranza e dos irmãos Castaño, que depois de aderirem à posição que as Forças Armadas colombianas assumiram diante UP, considerada a "ala desarmada da subversão", declararam-lhe uma guerra sem quartel como forma oblíqua de enfrentar as Farc. Os irmãos Castaño, cujo pai havia sido sequestrado e assassinado pelas Farc depois de terem pago o resgate, tinham razões pessoais para prosseguir sua guerra contra os civis. Pelo menos de início, Rodríguez e Carranza, seu sócio na máfia das esmeraldas, vingaram assuntos de negócios que saíram mal. Com essas vinganças nas costas, os três financiaram operações de "limpeza política" para eliminar fisicamente ou deslocar pela força aqueles que defendiam reformas democráticas radicais.

Clausura

Dentro das Farc, só Alfonso Cano, único intelectual no Secretariado, via como, por meio do paramilitarismo, a elite emergente exportadora de cocaína começava a suplantar as velhas e atacadas classes dirigentes latifundiárias nas regiões de fronteira. O narcoparamilitarismo rapidamente se compactou como bloco opositor às negociações de paz e à abertura democrática de Betancur, considerando a mobilização de massas e a política eleitoral progressista como prova de um grau inaceitável do avanço político insurgente. Com facções contra ele dentro das Forças Armadas, da Polícia Nacional, dos setores de criadores de gado, narcotraficantes, políticos liberais e esquadrões da morte organizados, faltou a Betancur o poder para insistir na reforma social que teria permitido aplacar as insurgências. Ao processo de "abertura política" empreendido pelo Estado central se opunham as elites regionais reagrupadas em defesa da "propriedade privada" e da "ordem pública". Finalmente, o Estado central derrotado em suas iniciativas de paz sancionava "a paz" dos pacificadores.

A comunidade política nacional não foi ampliada para incluir afro-colombianos, grupos indígenas, mestiços da fronteira agrícola, habitantes das zonas periféricas das cidades, feministas, defensores dos Direitos Humanos ou ambientalistas que trabalhassem com a UP e, muito menos, com a esquerda comunista que havia forçado a abertura. Em Urabá e em Chocó, as comunidades camponesas, afro-colombianas ou com uma forte presença afro-colombiana, fizeram da UP seu veículo político, assim como as comunidades mestiças da fronteira nas zonas controladas pelas Farc, tanto no sul quanto no sudeste (Meta, Caquetá). As insurgências respaldavam muitas das demandas dos já mencionados grupos populares radicais. Apesar dos esforços das Farc para instrumentalizar essas lutas para seus fins organizativos, as mobilizações de bases amplas foram em sua maioria autônomas, mas tachadas de "subversivas" e suprimidas pelo terror.

Uma resistência armada desproporcional contribuiu para a debilidade e vulnerabilidade daqueles movimentos que contavam com maiores possibilidades de produzir as mudanças necessárias para uma paz negociada e uma saída política para o conflito armado. *Los pájaros* renasceram, dessa vez sob a aparência do MAS e dos adolescentes assassinos que tornaram Medellín famosa no cenário mundial. Diferentes de *los pájaros* dos anos de 1950 e 1960, os *sicarios* dos anos de 1980 e 1990 foram contratados, protegidos e, inclusive, assassinados pela máfia da cocaína, e não pelo Partido Conservador. Com a "guerra contra as drogas" de Reagan – organizada fora de Miami pelo então vice-presidente George H. W. Bush, com o objetivo de combater as insurgências de esquerda –, o narcotráfico e a extradição seriam o intuito principal das relações entre os governos dos Estados Unidos e da Colômbia.

Sob a pressão de Washington, o governo de Virgilio Barco – que tomou posse em 1986 com uma vitória liberal escassa em votos – buscou a extradição do Cartel de Medellín. Em uma frase muito citada, Escobar declarou que preferia uma "cova na Colômbia a uma cela nos Estados Unidos". Ele e o grupo de traficantes que liderava, conhecido como *Los Extraditables*, dependiam de seus infiltrados dentro das Forças Armadas e dos serviços de inteligência (DAS, DOC, F-2) e respondiam ordenando ataques a juízes, políticos e funcionários. Apesar de tudo, alguns ministros de alto perfil, alguns jornais e facções políticas dentro dos dois partidos expressaram seu apoio público às forças de "autodefesa" paramilitar, algumas delas com vínculos diretos com o Cartel de Medellín.

Quando o movimento paramilitar cobrou maior intensidade entre 1987 e 1988, o homicídio já havia se convertido na principal causa de morte entre a população masculina. Os movimentos sociais protagonizaram marchas maciças nas cidades e nos campos, exigindo uma mudança radical e, em alguns casos, aproximaram-se da insurgência guerrilheira, particularmente das Farc e do ELN. O alcance dos ataques da direita incluía estudantes, professores e profissionais de destaque, como o Dr. Héctor Abad Gómez, médico e ativista dos Direitos Humanos da ala progressista do Partido Liberal. Na época, o senador liberal e eterno candidato presidencial, Horacio Serpa, declarou:

> Na Colômbia realmente se instituiu, pela via dos fatos, o delito de opinião, e este vem sendo drasticamente sancionado, nada menos do que com a pena de morte. Isso é de extraordinária gravidade. Creio que seja algo inaudito, consequência do radicalismo e da forma extrema como chegaram a tratar as confrontações políticas na Colômbia (1987).

Além daqueles cujas palavras e ideias eram consideradas "subversivas", *los desechables* também estiveram na mira. Prostitutas, homossexuais, travestis, pessoas com doenças mentais e desabrigados, ladrões, vendedores de droga no varejo e consumidores foram assassinados em operações de "limpeza social" em Medellín, Cali, Pereira, Bogotá e Barranquilla. Oficiais de polícia – da ativa e reformados – destacaram-se nessas atividades de "limpeza", assim como traficantes e paramilitares. A violência urbana começou a pulular vertiginosamente.

Entretanto, em muitas áreas rurais do sul, as Farc haviam iniciado sua metamorfose para um pequeno Estado tributário, enquanto sequestros, extorsões, assassinatos coletivos e deslocamento pela força se integraram ao seu repertório naquelas zonas em que chegavam a se assentar. O ELN, por sua vez, também crescia rapidamente. Em meados dos anos de 1980, o ELN obteve apoio material renovado na expansão da cobrança de impostos de proteção tanto à companhia alemã contratada para a construção do oleoduto Caño Limón em Arauca como às empresas petroleiras transnacionais em geral. O ELN encontrou seguidores e recrutas nas universidades, em organizações comunitárias e de bairro, e em sindicatos. Entre 1983 e 1988, cresceu cerca de 500%, e depois do processo de paz se distinguiu por sua habilidade no uso de táticas terroristas, como substituto da insurreição, as quais haviam sido aperfeiçoadas em primeira instância pelo narcotráfico e incluíam sequestro, carros-bomba e sabotagens a oleodutos e à infraestrutura em geral.

Embora em menor escala do que as Farc, o ELN exercia soberanias locais e regionais em amplas regiões de fronteira agrícola e em zonas de enclave das multinacionais. Em um ataque solapado ao ELN, que não havia se unido ao cessar-fogo e começava a praticar o sequestro em proporções berrantes, as Farc denunciaram "o sequestro e todas as formas de terrorismo que atentem contra a dignidade e a liberdade humanas". Em 1987, as Farc e o ELN fundaram a Coordinadora Guerrillera Simon Bolívar (CGSB) com o M-19, o EPL, Quintín Lame e o pequeno grupo trotskista chamado PRT. Entretanto, as promessas de uma unidade insurgente não duraram muito tempo, pois perdurava o ambiente de competição sectária que a esquerda havia adotado desde a década de 1930. Não obstante, a CGSB deu voz a um movimento guerrilheiro que, pelo menos em termos econômicos e militares, havia se convertido em um formidável desafio para o exercício do governo central. Embora tenhamos visto que nessa época as Farc já haviam iniciado sua transformação organizacional para um pequeno Estado tributário, perdendo grande parte de seu apoio moral nas cidades, é importante lembrar o quanto se deteriorou o conflito no final dos anos de 1980 e início dos de 1990, depois do fracasso do processo de paz com Betancur.

Em 1988, pela primeira vez desde 1886, as eleições locais foram institucionalizadas como parte de um esforço oficial para democratizar a política regional por meio da limitação do controle central. A UP conseguiu 16 prefeituras e 256 conselhos municipais, um resultado inesperado que conduziu ao aumento da violenta concorrência eleitoral – em outras palavras, ao aumento das operações de "limpeza política". Essas operações procuravam lidar com o avanço da UP, que ameaçava romper o monopólio bipartidário no âmbito local, principalmente nas regiões de fronteira ou periféricas. Os alvos dos ataques eram sindicalistas, organizadores comunitários, estudantes, professores, ativistas indígenas, jornalistas de rádio e, como sempre e acima de tudo, camponeses.

Na região bananeira, madeireira e de criação de gado de Urabá, os massacres tiveram início em abril de 1988, especificamente em *La Mejor Esquina*, onde morreram 36 camponeses sob as ordens de Fidel Castaño e de Luis Rubio, prefeito de Puerto Boyacá. Em Remedios, área mineira ao nordeste de Antioquia, onde as forças da *contrachusma* haviam se arremetido contra os *gaitanistas* nos anos de 1950, a UP venceu a prefeitura em 1988. Nesse mesmo ano, Fidel Castaño enviou seu assassino mais metódico, um velho combatente das Farc de Magdalena Medio, para um ataque desenfreado. Segundo investigações realizadas pela Promotoria, César Pérez, congressista liberal da aldeia vizinha de Segóvia, havia sido um dos autores intelectuais; também foi descoberto que as forças paramilitares de Puerto Boyacá haviam participado do massacre. Em 1987, Fidel Castaño comprou terras em Valência, mandou assassinar o prefeito da UP, expulsou seus seguidores e dali expandiu seu domínio através do terror e dos massacres. Dessa maneira, os municípios de Valência e Tierralta foram arrebatados da UP e reconquistados pelo Partido Liberal.

Os líderes do Partido Liberal se negaram a desaparecer da política diante da presença de um partido fundado pelas Farc e pelo PCC. Embora o Partido Liberal tivesse muito a perder com o surgimento da UP, aliando-se tão estreitamente à contrainsurgência no âmbito regional incorreu nos mesmos erros que o governo conservador durante *La Violencia*. No massacre de *La Rochela*, em 1989, sob as ordens de Rodríguez Gacha, um grupo de *sicarios* assassinou nove investigadores judiciais que trabalhavam num massacre paramilitar cometido no Magdalena Medio, ação que mudou as relações dos paramilitares com o governo central, que agora declarava ilegais mais de 200 desses grupos.

Posteriormente, em agosto de 1989, um *sicario* a serviço de Escobar assassinou o candidato presidencial de centro-esquerda e líder do "Novo Liberalismo", Luis Carlos Galán.

Assim como Lara Bonilla, Galán, depois de ter sido pressionado para receber financiamento de Escobar para sua campanha, continuou denunciando publicamente traficantes e se expressando a favor da extradição para os Estados Unidos. Como grande favorito das eleições em 1990, o funeral de Galán se converteu em motivo de luto nacional. Nesse mesmo ano, *sicarios* que trabalhavam para Fidel Castaño e Rodríguez Gacha assassinaram os dois candidatos presidenciais de esquerda: Carlos Pizarro, líder do M-19, e Bernardo Jaramillo, da UP. Nos dois casos, o motivo não era dinheiro ou extradição, como no caso de Galán, mas, sim, as exigências que esses candidatos haviam feito em suas campanhas a favor da justiça social, da democratização do sistema político e da transformação das estruturas econômicas.

Próximo ao final da década de 1980, os paramilitares haviam apagado do mapa eleitoral a esquerda ampla, reforçando os controles políticos clientelistas e começando o avanço da aquisição sistemática de vastas extensões de território, principalmente por meio de massacres e expropriação forçada. Ao mesmo tempo, enredaram-se cada vez mais no negócio da cocaína, o que explica em parte a proximidade entre a política e o crime organizado. Esse processo foi vivido com particular intensidade nas três regiões já mencionadas com estreita conexão com *La Violencia*: o Magdalena Medio, o nordeste de Antioquia e Urabá, três laboratórios regionais do que mais tarde se converteria em um projeto de contrainsurgência nacional. No final da década de 1980, estava evidente que, diferentemente das insurgências armadas de esquerda, as máfias da cocaína haviam desenvolvido a capacidade de se infiltrar nos dois partidos, na polícia, no exército e nos serviços de inteligência do governo. Com o uso sistemático de terrorismo urbano e assassinato de juízes e políticos, essas forças à margem da lei puseram o governo nacional de joelhos. Antes que o "ajuste estrutural" neoliberal sob a tutela do Fundo Monetário Internacional (FMI) debilitasse totalmente a autoridade do Estado, um novo polo de soberania já havia virado o centro do campo político para a direita.

7. Paz fragmentada, soberania parcelada (1990-1998)

> Se não podemos nem queremos modificar as circunstâncias que determinam essas manifestações de miséria, marginalização e desesperança, então eliminemos as vítimas!
>
> Estanislao Zuleta, em Camacho & Camacho, *Ciudad y Violencia*, 1990

Assim como as múltiplas soberanias e os territórios fragmentados haviam sido traços característicos do cenário político dos anos de 1980, os saltos qualitativos por parte das insurgências e do paramilitarismo quanto ao controle dos recursos, da população, do território e das vias de transporte marcaram os anos de 1990. Esse avanço foi o resultado da aplicação do terror em conjunção com o início das operações de contrainsurgência que, progressivamente, foram privatizadas e subcontratadas. As elites tecnocráticas e modernizadoras vinculadas ao capital norte-americano e às suas instituições de altos estudos contribuíram ativamente para esse desenvolvimento em sua busca da redução do papel direto do Estado na repressão. A "promoção da democracia" foi o nome dado à mescla de medidas econômicas neoliberais, reformas políticas e "guerra contra as drogas" que caracterizou a situação do período posterior à Guerra Fria.

César Gaviria, tecnocrata educado em Harvard e eleito presidente em 1990, em substituição à candidatura do assassinado Luis Carlos Galán, convocou uma Assembleia Constituinte para produzir uma nova e mais democrática Constituição política. Essa iniciativa comporia a segunda tentativa de romper a longa estagnação política característica dessas últimas décadas do século XX. Os grupos guerrilheiros EPL, M-19, Quintín Lame e o PRT depuseram suas armas para participar do processo de paz e, como resultado de uma renovada mobilização indígena, a Constituição de 1991 outorgou direitos históricos de reconhecimento territorial a esses povos. A nova Carta Magna também procurou tornar mais eficiente o sistema judicial e limitar a autoridade do Executivo ao introduzir a representação proporcional para a eleição do Senado, assim como a eleição popular de governadores departamentais, que estava anteriormente nas mãos do presidente. Entretanto, essa Constituição não estabeleceu a redução dos poderes militares e policiais arbitrários, o fim ao domínio do sistema bipartidário ou a contenção da violência dos latifundiários nas regiões.

Os esquemas de Gaviria tinham muito pouco do impulso moral que caracterizou os esforços de Betancur; pior ainda, produziram resultados amargos. As rígidas providências para a descentralização determinadas pela Constituição, que incluíam transferências obrigatórias do governo central para as regiões, fortaleceram o poder dos dirigentes locais dos partidos, especialmente dos liberais, aumentando a corrupção política que finalmente conduziu o país a um déficit fiscal. Por outro lado, a descentralização abriu espaço para a disputa eleitoral armada, pois agora os governadores dos departamentos, assim como os prefeitos, deviam ser eleitos nas urnas. Graças a esse novo requisito, os paramilitares começaram a competir com o poder insurgente, assumindo o controle das instituições e dos postos regionais e locais por meio do Partido Liberal, principalmente, do mesmo modo como haviam feito os conservadores décadas antes.

O Partido Liberal recuperou todos os municípios onde a UP havia exercido dominação no fim dos anos de 1980, compartilhando-os com o novo EPL, movimento que, uma vez na vida civil em meados da década de 1990, constituiu aliança com os plantadores de banana, o exército, os paramilitares e os dirigentes do Partido Liberal. Esse bloco aceitou tanto o novo veículo político do EPL quanto um sindicato fortalecido, em troca de que estes não disputassem seu monopólio sobre a política regional ou fossem contra a concentração da riqueza e da terra. Ainda que, graças a essa nova estrutura de alianças políticas, o Partido Liberal tenha recuperado sua posição nas regiões de fronteira, como Urabá, também é verdade que pouco a pouco foi se tornando mais dependente de sua aliança com os paramilitares vinculados ao tráfico de drogas.

Os artigos mais democráticos e progressistas da Constituição de 1991 eram na prática letra morta, pois não havia um "sujeito político" suficientemente poderoso que garantisse sua execução. A Aliança Democrática (AD) M-19 perdeu importância quando seus antigos militantes foram assassinados ou cooptados pela política tradicional. Em Urabá, os antigos quadros políticos do EPL se integraram ao aparato de segurança paramilitar de Fidel Castaño. O terror sectário sobre a esquerda fortaleceu as posições paramilitares e militares em enclaves estratégicos como Urabá. Depois da desmobilização do EPL em 1991, as Farc lutaram para ocupar seus territórios e fazer frente à sua influência no sindicato dos trabalhadores do setor bananeiro, estratégia que empurrou os militantes do EPL para os braços de seu antigo inimigo, Fidel Castaño, e provocou o aumento dos ataques contra o sindicato de ambos os lados. Entre 1991 e 1994, só em Urabá foram abatidos 274 militantes do Paz y Libertad (o partido político do EPL), principalmente pelas mãos das Farc. Em outro trágico episódio, as milícias urbanas do EPL assassinaram 17 ativistas do PCC em dezembro de 1993, porque as Farc massacraram 35 seguidores do EPL.

Os sinais de "bandoleirização" e "lumpenização" do conflito armado eram inequívocos. No final da década de 1980 e no início da de 1990, as taxas de sequestro e homicídio batiam recorde mundial, e os limites entre a violência política e a criminal tornavam-se cada vez mais tênues. Em 1991, aproximadamente quatro mil homicídios foram a causa de 42% de todas as mortes em Medellín, o que representou uma taxa de 325 pessoas assassinadas para cada 100 mil habitantes, ou seja, cinco vezes mais que o Rio de Janeiro e oito vezes mais que São Paulo. Na América Latina, apenas o Peru havia sido testemunha de um grau comparável de ascensão e queda do conflito armado, com a diferença de que a economia do Peru, bem como a de outros países da região após a crise financeira de 1982, entrou em colapso, enquanto a colombiana se conservava dentro dos padrões de crescimento neoliberais.

Gaviria pôs em marcha a plataforma que López Michelsen anunciou nos anos de 1970: transformar a economia nacional em um modelo de negócios agrícolas de exportação, manufatura com capital intensivo, especulação de imóveis rurais e urbanos e exploração de recursos naturais por parte de empresas nacionais, tais como petróleo, carvão e ouro. Apesar da multiplicidade de tipos de violência, em contraste com o resto da América Latina, a entrada de narcodólares na economia permitiu um crescimento sustentado nos anos de 1980. Entretanto, Gaviria achava que a Colômbia ainda não havia absorvido completamente a mensagem do Consenso de Washington e por isso lançou um programa de reestruturação neoliberal em grande escala, destinado a disciplinar a classe média do setor público, a classe trabalhadora organizada e o campesinato. Com a ajuda de Álvaro Uribe, na época senador do Partido Liberal, Gaviria degolou a força de trabalho do setor público ao privatizar a saúde e a previdência social, estabeleceu a autonomia do Banco da República, liberou a moeda e o setor financeiro, reduziu as taxas alfandegárias e as cotas de importação, aumentou o imposto sobre o volume de vendas e flexibilizou o trabalho. Também foram assinados contratos de exploração de petróleo com multinacionais, dotados de cláusulas mais suaves do que as anteriormente existentes.

Embora à primeira vista Gaviria tenha procurado negociar com as Farc, em maio de 1992 estava produzindo um giro para a direita, ao impulsionar uma "guerra holística" baseada no bombardeio e na ocupação de seus quartéis-generais. Concomitantemente procurou negociar com os traficantes, aos quais haviam sido dadas sentenças leves e imunidade de extradição em troca de confissões e colaboração com o governo colombiano. Depois de receber garantias de que a extradição seria proibida na nova Constituição, em 1991, Escobar rendeu-se e foi instalado em uma prisão que ele mesmo havia construído, *La Catedral*, uma penitenciária dotada de seus próprios guarda-costas e da qual ele escapou em setembro de 1992. Tomado pela paranoia, Escobar já havia assassinado muitos de seus sócios mais próximos, enterrando-os nos arredores de *La Catedral*. Os sobreviventes dessa perseguição se uniram contra ele com o Cartel de Cali, a DEA, a CIA, o FBI, a Polícia Nacional, os serviços de inteligência colombianos, setores do exército, o DAS (equivalente da CIA na Colômbia) e os Serviços de Imigração e Aduana dos Estados Unidos.

Embora o ataque frontal de Escobar ao Estado tenha obrigado este último a ceder, o poder não se encontrava suficientemente fragmentado para que um único empresário aguerrido pudesse sobreviver às forças combinadas de seus numerosos inimigos. O Cartel de Cali empregou uma estratégia diferente daquela empregada por Escobar, o que garantiu sua sobrevivência temporária na guerra contra ele. Em vez de se basear no terrorismo urbano para lutar contra sua extradição para os Estados Unidos, como havia feito Escobar, o Cartel de Cali infiltrou-se na política, nas instituições e na alta sociedade. Seus investimentos tinham mais diversidade, seu comportamento era discreto, e, ao contrário de Escobar, nunca experimentou o populismo anti-imperialista nem doou imóveis ou patrocinou clientes subalternos ou movimentos políticos regionais publicamente organizados.

A morte do Cartel de Medellín foi acelerada pelas inclinações esquerdistas de Escobar, mas, acima de tudo, por sua incapacidade para impedir que este se fraturasse diante da pressão dos governos da Colômbia e dos Estados Unidos. Escobar aterrorizou velhos sócios que ele suspeitava estarem trabalhando com as autoridades, enquanto os que conseguiram sobreviver criaram o grupo de "Perseguidos por Pablo Escobar", *Los Pepes*, em aliança com o Cartel de Cali e as já mencionadas agências governamentais da Colômbia e dos Estados Unidos. Como em temporada de caça, *Los Pepes* dirigiram operações de terror em Medellín, sob a liderança dos irmãos Fidel e Carlos Castaño; torturaram, assassinaram e fizeram desaparecer familiares, amigos e empregados de Escobar, suas famílias e, em geral, todos que permanecessem leais ao chefe.

Nesse confronto entre o barão da cocaína e poderosos latifundiários, o governo colombiano delegou a repressão a tais grupos, que também se encarregavam da luta contra as insurgências em coordenação com os organismos de segurança dos Estados Unidos, do Estado colombiano e das forças de inteligência. Essa associação entre governo, contrainsurgência e crime organizado debilitou a autoridade e a soberania estatais, ao mesmo tempo em que consolidou a influência dos empresários dos narcóticos na política nacional. A morte de Escobar, em 1993, só significou que o negócio ficou provisoriamente acéfalo.

Assim como aconteceu durante a Guerra Fria, o governo dos Estados Unidos e o exército colombiano defenderam uma solução militar para o conflito político na Colômbia. O futuro da "guerra contra as drogas" apostou em Guaviare, Caquetá e Putumayo, entre 1995 e 1996, com a "Operação Esplendor" (antecedente do Plano Colômbia), uma campanha de fumigação que usava glifosato sem desenvolvimento alternativo. Como resposta, entre 1996 e 1997, as Farc organizaram os cultivadores de coca para protestar contra as fumigações e as promessas de investimento social não cumpridas, demonstrando que eles ainda tinham fortes conexões com os *pobladores* da fronteira e com os recoletores de coca (*raspachines*). Em Putumayo, os cultivadores de coca foram acusados de "ameaçar a segurança nacional". A ideia era apresentar as Farc como uma narcoguerrilha para desqualificá-la como potencial interlocutor em negociações de paz, tática empregada pela primeira vez pelo embaixador Lewis Tambs no início dos anos de 1980. Sob esse esquema, as Farc deviam ser consideradas mais um "cartel" e, portanto, um ator criminoso, e não político. Pelo menos teoricamente, as fumigações prejudicariam sua base econômica.

Entretanto, um ajuste severo da política monetária por parte do Banco da República afetou o investimento, provocando uma recessão da indústria da construção. O FMI, que em 1998 fez uma convocação para superar a pior crise econômica da Colômbia desde os anos de 1930, não pôde se mostrar mais compassivo: seu programa de reforma estrutural de 1999, que foi acompanhado de um empréstimo de cerca de 1,9 bilhão de dólares, apontou para a "flexibilidade" em vista dos "eventos que estavam fora do controle governamental". Como amostra do colapso da base produtiva nas áreas rurais, a percentagem do PIB precipitada pela produção agrícola baixou de 43% em 1980 para 13% em 1998, enquanto em 1996 as exportações de café representaram apenas 3% do PIB. Durante a década de 1990, as importações de alimento triplicaram de 215 milhões para 715 milhões de dólares. A área de cultivo de coca também triplicou na segunda metade daquela década. A produção de papoula aumentou de zero, em 1989, para 61 tonelada métricas em 1998, ao mesmo tempo em que a Colômbia continuava contribuindo com 40% das importações de maconha e 90% das de cocaína para os Estados Unidos.

Devido ao efeito conjunto da constante demanda de consumo nos Estados Unidos, à "guerra contra as drogas" e às políticas neoliberais, o crescimento da economia foi fenomenal. Os agricultores de coca converteram-se na solução não desejada para a prolongada crise do campo.

O fracasso da economia nos cultivos comerciais havia se iniciado na década de 1960 e deteriorou-se durante os anos de 1970 com a mudança para a agroindústria (soja, algodão, arroz). Dentro desse contexto e depois de duas décadas de intensificação da violência política no campo, nos anos de 1990 a coca já havia se estabelecido como o único cultivo suficientemente rentável para superar os altos custos de transporte, produto da falta de infraestrutura nas regiões de fronteira interna, como Caquetá, Putumayo, Guaviare, Vichada, Guainía, Vaupés, Sucre, Córdoba, Chocó, Bolívar, Santander e, em menor medida, Antioquia, Huila, Tolima, Cauca e Meta. Essa expansão dos cultivos produziu até três colheitas por ano, permitindo que os camponeses recuperassem seus investimentos em um ou dois anos. Em 1998, 80% da superfície das áreas controladas pelas Farc nos departamentos de Caquetá, Putumayo, Guaviare, Vichada, Guainía e Vaupés estavam cobertos de coca.

A conexão entre as políticas agrícolas neoliberais, que exacerbaram o declínio do campo a longo prazo, e a expansão de cultivos ilícitos sob o domínio insurgente não podia ter sido mais direta. Um camponês do sudeste de Bolívar declarou resumidamente:

> Para comercializar um saco de batata ou de iúca, o camponês gasta entre 3 mil e 5 mil pesos (cerca de 3,50 dólares) e o vende no mercado por cerca de 10 mil e 12 mil pesos, dependendo da demanda [...] a coca é muito mais fácil de semear e processar [...] não é necessário gastar com transporte, pois os traficantes a compram no povoado a 1,5 milhão de pesos o quilo de pasta e o exportam para outros destinos. (Richani, 2002, p.71)

Nesse contexto, as Farc proporcionaram uma estabilidade mínima para aqueles que de algum modo poderiam ter perecido diante da liberalização da agricultura e do furacão da violência rural.

Avanço insurgente

Durante a década de 1990, tanto as Farc quanto o ELN, as duas organizações insurgentes que ainda sobreviviam, encarnaram o paradoxo fundamental que significava sua crescente deslegitimação política acompanhada de um surpreendente crescimento organizacional. Entre 1970 e 1980, as guerrilhas contaram com a simpatia de uma significativa minoria de produtores culturais colombianos, enquanto mantinham vínculos com alguns sindicatos. Em novembro de 1992, um grupo de escritores e intelectuais progressistas de grande renome no país, entre os quais o laureado Gabriel García Márquez, escreveu uma carta aberta às duas organizações, fazendo-lhes um apelo para reconhecerem que estava na hora de virar a página da história, depor suas armas e continuar a reforma por vias pacíficas.

A conjuntura pós-Guerra Fria iniciou-se com a derrota eleitoral dos *sandinistas* e o triunfo dos neoliberais financiados pelos Estados Unidos na Nicarágua, o estancamento da Frente de Libertação Nacional Farabundo Martí em El Salvador e a decadência da União Revolucionária Nacional Guatemalteca (URNG) – e, certamente, distante mas não menos importante, o colapso da União Soviética. Enquanto em outros lugares os insurgentes tenderam a fazer acordos com governos neoliberais em nome da democracia eleitoral, do livre mercado e da globalização, as Farc e o ELN, ao contrário, concentraram-se no aumento da extração de rendas e no exercício do poder político no âmbito local. Assim como no passado, sua resposta ao isolamento em que as tendências globais e hemisféricas os colocavam foi se isolarem ainda mais nos labirintos do poder local. A busca do poder estatal foi perdida de vista para abrir caminho à possibilidade de controlar conselhos municipais e prefeituras.

A cobrança de impostos ao mercado de pasta de coca colocou as Farc nos primeiros escalões do circuito de mercadorias que terminavam sendo consumidas nos Estados Unidos e na Europa. Durante o longo reinado dos cartéis de Medellín e de Cali, a produção de pasta-base foi realizada nas terras baixas cocaleiras da Bolívia e do Peru – e em um grau muito menor no território das Farc ao sul da Colômbia –, onde a folha de coca era transformada em pasta por famílias de agricultores, trasladada via aérea para laboratórios empanturrados de produtos químicos no meio das selvas, onde era transformada em cocaína em pó para depois ser transportada para depósitos de armazenamento e, finalmente, para as cidades da Colômbia e dos Estados Unidos, em carros, caminhões, ônibus, botes e aviões particulares e comerciais. Como eram as Farc que ocupavam o território fora dos centros urbanos, foram elas que impuseram as regras das transações, sem poder com isso, no entanto, supervisionar diretamente a produção de cocaína ou garantir as redes de distribuição no exterior. Portanto, ao contrário do que sugere o termo "narcoguerrilha", as Farc eram tudo menos um cartel no sentido estrito da palavra.

Ao contrário, as Farc conseguiram se consolidar como um pequeno Estado paralelo nas regiões cocaleiras, o qual era encarregado de coletar impostos e impor justiça, e por isso muitos narcotraficantes estabeleceram relações de trabalho com elas, deixando claro o papel que estas desempenhavam no processo geral de refinamento de pasta de coca e cocaína. Sem o surgimento da economia da pasta de coca no sul e sudeste do país durante os anos de 1970 e 1980, as Farc não teriam tido uma rede geograficamente extensa de clientes semidependentes nas fronteiras nem um fundo de guerra multimilionário com o qual expandir suas operações. Nesse caso, o exército colombiano teria sido obrigado a enfrentar a tarefa de tomar uma região isolada, em vez de cerca de 40% do território nacional dividido por três cordilheiras e inúmeros rios.

Durante muitos anos, as Farc regularam o mercado da pasta de coca e, sem seu relativo monopólio sobre a violência, os traficantes teriam podido se destruir entre si em intermináveis guerras na selva. A imposição da lei e da ordem, assim como a manutenção de uma reserva de apoio nas regiões de fronteira, permitiu às Farc se apoderarem de quantias exorbitantes mediante a cobrança do imposto à pasta de coca conhecido como *el gramaje*. Essa tática somou-se a um padrão de extorsão estabelecido durante *La Violencia* e sob o qual eram empregados métodos como o sequestro, *la vacuna* e *el boleteo*, a fim de conseguir fundos. Entretanto, para explicar por que década após década o Estado havia fracassado na debilitação e ruptura das bases da resistência armada, outros aspectos mais cruciais devem ser somados à análise. Embora baseadas no clientelismo e nas rendas, os laços das Farc com muitas comunidades das regiões do sul e do sudeste eram de velha data. Elas haviam sido por décadas a força armada do movimento camponês em territórios escassamente povoados dos quais o governo colombiano jamais havia se encarregado, lugares sem infraestrutura nem serviços públicos e que não contavam sequer com clientelismo partidário, mas haviam experimentado sucessivos apogeus de produtos naturais, como quinina e borracha (ou *caucho*); territórios povoados como resultado de ondas migratórias recentes, particularmente a partir da década de 1950, quando se encheram de indivíduos e famílias que escapavam da violência das terras montanhosas. Em meados da década de 1960, as Farc respaldaram o agrarismo radical que havia marcado as décadas de 1930 e 1940 e, com exceção do PCC, ao qual estavam organicamente vinculadas, antes da criação da Anuc, em 1968, e do Cric, em 1971, as Farc eram a força mais importante, fazendo um apelo ao governo para que cumprisse as promessas de reforma agrária e desenvolvimento de infraestrutura, criasse cooperativas de crédito e proporcionasse assistência técnica e proteção dos preços.

As Farc conservaram o legado da democracia social agrária dos anos de 1930 e 1940, combinando-o com as tradições de vingança próprias do período de *La Violencia* dos anos de 1950 e 1960, formas políticas que também foram aplicadas em seus redutos históricos em Meta, Guaviare e Caquetá, onde sua autonomia estava mais consolidada. Essa democracia social autoritária, no contexto da economia ilícita da cocaína das décadas de 1970 e 1980, proporcionou uma medida de segurança e uma garantia dos meios de subsistência para aqueles que, do contrário, não teriam tido nada. A ausência do Estado permitiu às Farc estabelecer redes verticais de clientelismo armado, mas, além disso, levou-nas a se converterem nos construtores e defensores da escassa infraestrutura dessas zonas (pontes, estradas, sistemas de irrigação etc.), assim como nos supervisores da provisão limitada de serviços básicos (água potável, esgotos, atenção médica, educação etc.), governando vastos territórios e suas populações.

Os mecanismos de controle laboral estabelecidos por meio do endividamento e dos contratos que se faziam valer sob pena de assassinato (herdados do *boom* da borracha no sudeste do país, ou transplantados das minas de esmeraldas do planalto de Boyacá) tornavam as Farc árbitros indispensáveis dos mercados de trabalho nessas zonas. Ali, elas eram o governo local e regional e, medidas pela autoridade da seletiva memória coletiva, inclusive em seus piores momentos, eram preferíveis ao governo nacional ou aos traficantes. Mas sua expansão territorial e financeira veio acompanhada de um maior número de sequestros, assassinatos seletivos e carros-bomba, táticas que Escobar havia transformado em rotina. Como em outros casos, o terror estatal proporcionou o combustível sem o qual o terrorismo insurgente não teria podido se espalhar, ambos complementados pelo narcoterrorismo da máfia.

Enquanto em 1978 as Farc tinham 17 frentes em regiões periféricas, em 1994 já contavam com 105, as quais operavam em cerca de 60% dos 1.071 municípios colombianos. Sua liderança continuava dominada por minifundiários camponeses (um intelectual de classe média e um banqueiro oligarca eram as únicas exceções). Apenas 10% das alas das Farc eram de "classe média", cerca de 20% eram classificadas como "classe trabalhadora", "estudantes" ou "professores", e aproximadamente 70% de seus membros eram considerados "camponeses" – principalmente proletários rurais que trabalhavam como agricultores ou coletores de coca. Enquanto entre 30% e 40% dos combatentes e líderes dos níveis médios eram mulheres, os homens mantinham o controle do alto comando.

Em 1996, o ELN tinha entre quatro mil e cinco mil combatentes, grandes milícias urbanas e redes de apoio, bem como presença em 350 municípios. Suas principais fontes de renda provinham dos impostos de proteção, extorsão, roubos de banco e sequestros. Devido ao repúdio que o ELN exibiu diante do negócio da cocaína, desenvolveu uma notável dependência dos sequestros, com o que ganhou inimizades eternas nas classes média e dominante, particularmente no âmbito regional. Assim como em organizações guerrilheiras latino-americanas anteriores (com as exceções das Farc e do EZLN no México), as posições de liderança de alto nível eram do domínio exclusivo de intelectuais de classe média, enquanto os comandantes eram praticamente todos camponeses. Os recrutas provinham principalmente de famílias minifundiárias, embora também tenha havido êxito atraindo estudantes e jovens desempregados de cidades como Bucaramanga, Barrancabermeja, Valledupar e Cúcuta. Com a exceção do Comitê Central – que assim como o Estado Maior das Farc continuava sendo um bastião de exclusividade masculina –, cerca de 20% dos líderes do ELN eram mulheres, um número dificilmente proporcional ao número de mulheres combatentes em suas bases.

À medida que se expandiam, tanto as Farc como o ELN sofreram processos de racionalização burocrática. O principal objetivo de cada organização era se consolidar e se projetar. Diante da carência de redes de transporte e distribuição amplas, as Farc se encontraram em posição de desvantagem para competir com as AUC nos mercados internacionais da cocaína; no entanto, estavam em condições de oferecer alimentos, vestuário, emprego, armamento de alta tecnologia, telefone celular e salário mensal àqueles jovens camponeses empobrecidos que não queriam ser soldados do governo colombiano, colaboradores nem paramilitares. No final dos anos de 1990, a média de idade entre os combatentes das Farc era de 19 anos e o salário mensal era de 90 dólares.

Outro elemento que contribuiu para o crescimento das guerrilhas foi a ruptura das famílias rurais como unidade econômica-cultural capaz de proporcionar sustento e proteção a seus membros. O neoliberalismo havia criado uma geração de jovens rurais sem horizontes futuros nem segurança pessoal; as Farc e o ELN ofereciam-lhes a possibilidade de obter ambos. Como no campo as opções eram extremamente limitadas para as mulheres jovens, as Farc, em maior medida que o ELN, ofereciam oportunidades para o exercício do poder político-militar, especialmente para aquelas que não tinham educação secundária. Muitas mulheres jovens das áreas rurais e sem estudo preferiram a guerrilha às possibilidades de deslocamento, desemprego ou prostituição.

Em 1996 e 1997, as Farc lançaram uma série de ofensivas militares sem precedentes em sua escala e em seu alcance, o que deixou dramaticamente visível a fragilidade da soberania do Estado. Com divisões de 300 a mil soldados, atacaram as bases do exército em Las Delicias, Patascoy, San Miguel, Pueres, Caguán, San Juanito e San José. As dúvidas existentes em torno da habilidade do exército colombiano para responder revelaram-se bem fundadas. Não só o exército tinha pouca motivação para derrotar as guerrilhas, mas, além disso, a proporção média de pessoal administrativo para cada soldado era de 6 para 1, enquanto no nível mundial se mantinha em 3 para 1. Como uma ameaça guerrilheira maior, real ou não, representava um maior orçamento militar, supervisão reguladora mínima, proteção do escrutínio público e um centralismo institucional indiscutível, o exército terminou sendo o principal beneficiário de sua própria ineficácia.

Assim como no governo de Turbay (1978-1982), durante o período de Samper (1994-1998), as Forças Armadas colombianas se apresentaram como o último baluarte do Estado. Os gastos de defesa dispararam a partir de 1995 e em 1998 eram três vezes mais altos do que haviam sido em 1994. Mesmo assim, isso não gerou maior efetividade no combate, algo nada surpreendente porque a maior parte do dinheiro foi destinada a gastos administrativos. Em 1997, de 131 mil soldados apenas 22 mil (20%) estavam prontos para o combate. Entre 1991 e 1996, a ajuda militar dos Estados Unidos apresentou queda, pois a maioria da "ajuda" antidroga estava destinada à polícia, diante da crítica constante às Forças Armadas por parte de organizações de direitos humanos nos Estados Unidos e na Europa.

Com o exército lesado devido à sua própria incompetência, as organizações insurgentes não só proporcionaram serviços públicos em suas zonas de influência, mas começaram a custodiar as comunidades oferecendo supervisão geral, determinando as destinações orçamentárias, influenciando na participação eleitoral, restringindo ou permitindo a mobilidade, e, inclusive, arbitrando disputas entre vizinhos, amigos e familiares. E, o que é mais importante, aumentou a cobrança de impostos aos narcotraficantes, criadores de gado, pequenos negociantes e proprietários de terras de tamanhos médio e grande. Ao lado dos sequestros, a coleta de impostos converteu-se em uma das táticas menos aceitas da guerrilha. Embora as AUC também cobrassem impostos, a maioria dos investidores, donos de propriedades e negócios, preferia pagar altas taxas por proteção a esses fervorosos defensores da "propriedade privada" e da "livre empresa" em vez de fazê-lo às forças insurgentes.

O mesmo acontecia com as corporações estrangeiras, particularmente no setor petroleiro, que além de ter de pagar altas quantias às guerrilhas estavam sujeitas às suas exigências de investimento social nas áreas de saúde, educação e infraestrutura. Em Casanare e Arauca, por exemplo, as insurgências obrigaram a British Petroleum a investir em escolas, capacitação vocacional e projetos de desenvolvimento local. As companhias petroleiras e outras corporações multinacionais preferiam investir em exercer pressão sobre o governo norte-americano, para que incrementasse a ajuda militar à Colômbia, a continuar pagando impostos às organizações insurgentes. Os dois maiores atores do mercado petroleiro colombiano, Occidental e B.P.-Amaco, fundiram-se com outras firmas da área energética, incluindo a Enron, para formar uma sociedade comercial colombo-americana em Washington. Atualmente, seu apoio financeiro ao exército e aos paramilitares se encontra documentado. Como os direitos de propriedade privada estavam impugnados em grande parte da Colômbia, não foi surpresa que algumas corporações estrangeiras decidissem pagar impostos de proteção aos paramilitares como uma espécie de "seguro capitalista", nas palavras de Fernando Cubides.

Avanço contrainsurgente

Embora a expansão guerrilheira na década de 1990 tenha sido excepcional, o avanço paramilitar foi ainda mais impressionante. Quando Fidel Castaño desapareceu, em 1994, Carlos Castaño assumiu o negócio familiar, fundando nesse mesmo ano as Auto-Defensas Campesinas de Córdoba y Urabá (ACCU). Durante o período de Álvaro Uribe Vélez como governador de Antioquia, entre 1995 e 1997, sob a liderança das ACCU e por meio de alianças com o exército e outros blocos paramilitares regionais, essas organizações triunfaram em seu empenho de arrebatar das Farc o corredor estratégico de Urabá para o Caribe. Estimulado pela vitória em Urabá e pelos resultados esperados depois do massacre de Mapiripán, em Meta, Carlos Castaño, agora chefe das AUC, previu que no futuro do país abundariam fatos como esse.

Situada no coração do território das Farc, em um cruzamento vital para a economia da coca na fronteira de Meta e Guaviare, Mapiripán era literalmente um caso de mortes anunciadas. Em 12 de julho de 1997, dois aviões *charter* com 50 "soldados" paramilitares voaram de Urabá para o aeroporto de San José del Guaviare, que estava sob o controle do Exército e bem ao lado da base antinarcóticos do Batalhão Joaquín París – na época a única base na Colômbia de onde partiam as operações de fumigação realizadas pelos Estados Unidos. Na presença do sargento encarregado da segurança do aeroporto e de um oficial da inteligência do Exército, os paramilitares descarregaram armas, uniformes e equipamentos de comunicação, que os soldados depois ajudaram a carregar em caminhões que os levariam às embarcações, as quais os conduziram rio acima até Mapiripán, passando pelo ponto de controle da Escola Especial de Treinamento do Exército Colombiano em Barracón. Treinadores norte-americanos do Sétimo Grupo de Forças Especiais ajudaram a instruir seu contraparte colombiano da Segunda Brigada Móvel em planejamento militar. A presença paramilitar, reforçada com 180 tropas recrutadas no âmbito local, passou "despercebida" porque o comandante de Barracón, coronel Lino Sánchez, formado pela Escola das Américas, havia ajudado no planejamento do massacre. Uma vez em Mapiripán, os paramilitares se dedicaram a cinco dias de torturas e assassinatos, levando ao matadouro da aldeia as vítimas de sua lista de "seguidores da guerrilha". Ali, entre choros e gritos por socorro, as vítimas foram estripadas para não poderem flutuar depois de serem lançadas ao rio. O juiz Leonardo Iván Cortés, que depois fugiu do país sob ameaças de morte, deu telefonemas e escreveu cartas ao exército em várias oportunidades ao longo dos dias que durou o massacre. O coronel Hernán Orozco afirmou que não tinha tropas disponíveis, mas prometeu informar o ocorrido a seu superior, general Uscátegui, que era o encarregado da Sétima

Brigada em Meta e Guaviare, com quartéis em Villavicencio. Contudo, nem a polícia nem o Exército chegaram à aldeia, senão depois de terminada a matança.

Ironicamente, como um eco ao pedido de Che Guevara de "muitos Vietnãs", a obscura profecia de Carlos Castaño se tornou realidade. Os massacres paramilitares se multiplicaram de 286, em 1997, para 403, em 1999, principalmente em áreas de concentração de terra e diferenciação de classe. Depois da ofensiva em Meta e Guaviare em 1997, as AUC se transferiram para o norte de Santander, Santander, sul de Sucre e o Urabá chocoano. A curva do crescimento paramilitar coincidiu em grande parte com a dos hectares destinados ao cultivo de coca, pois, sob a direção de Carlos Castaño e Salvatore Mancuso, as AUC expandiram infinitamente o seu controle sobre o processo de produção, transporte e distribuição de cocaína. Na segunda metade da década de 1990, o número de massacres quadruplicou – a maioria, embora não todos, cometida por paramilitares trabalhando em conjunto com o Exército ou lhes abrindo caminho.

Os desenvolvimentos em Urabá mostram como o crescimento agroindustrial, as extensas fazendas de gado, a produção e o transporte de cocaína seguiam associados a um projeto paramilitar de conquista do território regional, o que consolidou os padrões de domínio racial e exploração de classes derivados do colonialismo. Como governador de Antioquia, Uribe começou a legalizar e regulamentar grupos de segurança privada denominados Convivir (Cooperativas de Vigilância). As Convivir, ideia defendida por Rafael Pardo, na época ministro da Defesa de Gaviria, eram estruturalmente similares às *rondas campesinas* peruanas ou às *guardias civiles* guatemaltecas da década de 1980. O programa piloto havia se desenvolvido em Córdoba e agrupou 950 fazendeiros em um sistema de vigilância conectado por uma rede de comunicações de alta tecnologia. Vinculado tanto ao AAA do general Camacho quanto ao MAS, o general Harold Bedoya, chefe das Forças Armadas da Colômbia entre 1994 e 1997, apoiou abertamente a iniciativa que, para ele, tinha no vale do Magdalena Medio sua principal referência. Para Bedoya, a colaboração civil com as Forças Armadas era obrigatória.

Durante os dois anos em que Uribe foi governador de Antioquia, as Convivir deslocaram 200 mil camponeses, principalmente em Urabá. Mais do que nenhum outro departamento, Antioquia contou com 18% dos deslocados em nível nacional. O senador conservador antioquenho Fabio Valencia Cossio – em 2008 nomeado por Uribe seu ministro de Governo e de Justiça – acusou-o de estar "favorecendo os paramilitares com as cooperativas de segurança Convivir" (Romero, 2003, p.195), que haviam contribuído com quase 400% no aumento da taxa de homicídios.

Sob as provisões de um estado de sítio e com a aprovação de Samper, Uribe criou em 1996 as "Zonas de Ordem Pública" sob o comando da Décima sétima Brigada e do general Rito Alejo del Río – outro veterano do MAS e protegido de Bedoya. O general Bedoya declarou que aqueles que se opusessem a essas zonas "defendiam os interesses dos narcotraficantes ou dos subversivos". Segundo o coronel Carlos Velásquez, que serviu sob o seu comando, a primeira providência do general Del Río foi retirar as tropas das áreas onde protegiam os civis das incursões paramilitares. Nos quatro municípios do eixo bananeiro, a taxa de homicídios era de 500 para cada 100 mil habitantes, em contraste com 60 para cada 100 mil no nível nacional (nos Estados Unidos eram 8 para cada 100 mil). Embora o número total de homicídios na zona bananeira de Urabá já fosse alto antes de Uribe ser eleito governador (400 no ano de 1994), durante seu período piorou: em 1995 dobrou para 800; em 1996 aumentou para 1,2 mil; e em 1997 foi de 700. Em 1998, o ano seguinte à saída de Uribe, o número caiu para 300.

Nas décadas de 1950 e 1960, o general Ruiz havia sido enfático sobre a importância do investimento social na luta contrainsurgente, mas na era neoliberal da década de 1990 essa variável foi extraída da equação. Sob os ditames da Doutrina da Segurança Nacional, uma vez que o Plano Cóndor havia lançado sua longa e sangrenta sombra sobre a América do Sul, o general

Camacho criou e promoveu grupos paramilitares que operaram clandestinamente como parte do Estatuto de Segurança do governo Turbay. A meta era aniquilar a subversão enquanto se reduzia o número de violações aos direitos humanos atribuíveis à Polícia Nacional e às Forças Armadas. Consequentemente, durante os períodos de Turbay, Betancur, Barco e Gaviria, a presença paramilitar se propagou progressivamente; entretanto, dada a fragmentação regional do poder, só se desenvolveu como uma força unificada em meados da década de 1990.

Pouco depois, as contrainsurgências se tornaram mais eficientes no que se refere à geração de emprego, enquanto serviam de agentes de redistribuição da riqueza, do poder político e da propriedade nos níveis mais altos da pirâmide social. O Estado no âmbito regional estava preparado para buscar formas de "legalizar e regular" as milícias contrainsurgentes, desgastando ainda mais a linha que separa a política do crime organizado. No final dos anos de 1980, as agências de repressão estatal haviam cometido mais de 75% das violações aos direitos humanos; no final da década de 1990, as AUC eram responsáveis por quase a mesma percentagem, enquanto ao exército e à polícia eram atribuídos apenas 5% do total das violações. De 1997 a 2000, duplicou o número de paramilitares no país.

Esse era o modelo ideal sob o qual se supunha que a contrainsurgência devia trabalhar, de maneira privatizada e subcontratada. Amnistía Internacional, America's Watch e outros grupos de direitos humanos assinalaram conexões estreitas entre as Convivir e os paramilitares. A unidade orgânica entre ambos era evidente: no final de 1999, quando a Corte Constitucional baniu as Convivir pelos numerosos massacres de civis indefesos, sua infantaria simplesmente passou para as alas das AUC.

As vítimas eram tudo menos passivas. Com o apoio de grupos norte-americanos de direitos humanos como as Brigadas Internacionais da Paz, a Rede de Apoio da Colômbia e a Fraternidade de Reconciliação, um movimento de "comunidades de paz" recobrou forças em Urabá em meados da década de 1990. A violência política contra os civis atingiu níveis impactantes, inclusive para os padrões colombianos, situando-se posteriormente entre os níveis mais altos do mundo. Depois que as ACCU deslocaram 15 mil pessoas das áreas em torno das fazendas de Apartadó, em Urabá, em março de 1997, os camponeses que resistiram a ser deslocados fundaram a Comunidade de Paz de San José de Apartadó, com uma população de 1,2 mil pessoas e a ajuda da Diocese Católica e de algumas ONGs colombianas. As Comunidades de Paz, como San José, estabeleceram-se como zonas neutras multiétnicas fora do grande sistema de guerra. As adversidades, particularmente o assassinato de líderes, os massacres e os bloqueios econômicos, não detiveram o trabalho das comunidades para viver em paz sem ter de pagar tributo à autoridade militar. Gloria Cuartas, prefeita de Apartadó, conquistou reconhecimento internacional por seus esforços para proteger a população civil. Foi ela mesma quem acusou soldados do governo de permitir às ACCU decapitar o menino César Augusto Rivera diante dela e de mais 100 crianças durante a inauguração da "Semana da Paz", em agosto de 1996. Em uma reunião de funcionários departamentais, o secretário de Governo de Uribe, Pedro Juan Moreno Villa, acusou publicamente Cuartas de ser porta-voz das Farc, enquanto o general Del Río a processou por difamação.

Em vista da repressão maciça que provinha do paramilitarismo de direita e da insurgência de esquerda, as Comunidades de Paz, como a de San José de Apartadó, lutaram por uma visão diferente de soberania, entendida como paz e autodeterminação, assim como em prol dos direitos sociais coletivos e dos direitos políticos e civis individuais. Entretanto, no final do século XX, a repressão organizada da direita e a hipertrofia militar da esquerda armada conduziram a uma relativa debilidade e fragmentação dos movimentos populares radicais da Colômbia, que conseguiram se aglutinar em um bloco nacional-popular. Como eram considerados a "ala desarmada da subversão" desde o final da década de 1970, os ativistas desses movimentos foram convertidos em alvos de assassinatos sistemáticos por parte do exército e dos paramilitares. Uma década depois, com um partido político de esquerda eliminado, nem as insurgências nem a contrainsurgência consideraram válida a distinção entre combatentes e civis.

Nas fronteiras urbanas e agrárias prevaleceu o individualismo anárquico e fragmentado sob uma economia de guerra capitalista e liberal, que tinha no crime organizado, na violência, na intimidação e na eliminação física da esquerda ampla o eixo central por meio do qual a energia antissocial se transformou em valor. Com a queda dos preços do café em 1989, os nexos entre as máfias da droga e os paramilitares puseram o último cravo no ataúde da república cafeeira nascida no final do século XIX. As máfias da cocaína injetaram sangue novo nas velhas elites latifundiárias do campo, transformaram os dois partidos tradicionais em sistemas de apoio a esse estado de coisas e revitalizaram o latifúndio como concentração geográfica do poder político e econômico nas regiões e nos municípios. As corporações multinacionais descobriram que essa "segurança" narcoparamilitar lhes oferecia as únicas garantias para a propriedade privada e o controle laboral.

Por meio da aplicação de táticas de terror iniciadas na década de 1950, esse novo bloco de poder isolou com sucesso o desafio eleitoral da esquerda ampla, o que contribuiu para que, durante a primeira metade da década de 1990, as insurgências acelerassem a tendência para uma expansão territorial, enquanto durante a segunda metade do mesmo período os grupos paramilitares regionais anteriormente dispersos se uniram em uma organização nacionalmente integrada. A guerra química financiada pelos Estados Unidos havia regressado – agora se borrifava com glifosato ou Round-up Ultra da Monsanto as áreas tomadas pela insurgência no sudeste do país – e a pressão do governo norte-americano sobre quase todos os aspectos da vida política aumentou com os recursos para a "guerra contra as drogas". Tanto o governo da Colômbia quanto o dos Estados Unidos fizeram caso omisso com respeito ao alcance cada vez maior dos paramilitares e preferiram se concentrar em eliminar as insurgências de esquerda por meio do fortalecimento da polícia e do exército colombianos.

8. Involução (1998-2002)

> A guerra se paga em terras [...] Nossa história é de um deslocamento constante.
>
> Alfredo Molano, *Los Desterrados*, 2002

Da mesma maneira que os pactos de paz com a guerrilha determinaram os resultados das eleições de 1998, os acordos políticos com paramilitares definiram a disputa eleitoral de 2002. As diversas estratégias de campanha e os programas políticos dos candidatos da época compartilhavam uma meta comum: fortalecer a autoridade do governo central enfatizando a proeminência de novas formas de clientelismo armado. A mudança nas políticas de paz, que de pactuar com as guerrilhas passaram a pactuar com os paramilitares, conduziu finalmente ao declínio total do monopólio bipartidário sobre a representação política e a intensificação da participação do governo norte-americano na guerra civil colombiana.

As guerrilhas de esquerda e a contrainsurgência de direita, apesar de estarem excluídas da política formal, ajudaram a determinar os resultados eleitorais, tanto no âmbito nacional quanto no regional e local (prefeitos, conselheiros, governadores, vereadores, deputados e senadores). Quando o candidato conservador Andrés Pastrana (1998-2002) foi eleito presidente, os analistas não demoraram a assegurar que foi a promessa de negociar a paz com as Farc que garantiu o seu triunfo, esquecendo, no entanto, que o candidato liberal Horacio Serpa também havia feito da "paz" um eixo central da sua plataforma de campanha. Ao contrário de Pastrana, Serpa havia prometido negociar antes com o ELN do que com as Farc. Totalmente na contramão dos princípios da contrainsurgência, os dois candidatos reconheceram o caráter político das guerrilhas, do mesmo modo que o fizeram os críticos mais perspicazes da esquerda, como Gonzalo Sánchez. Segundo eles, os guerrilheiros "não são simples bandidos, terroristas ou narcoguerrilheiros, mas rebeldes com ideologia, recursos e objetivos específicos contra a ordem existente" (Sánchez, 2004, p.64). A reforma agrária, por exemplo, foi uma exigência não negociável, assim como a reorientação da economia de um modelo de exportação neoliberal para um desenvolvimentismo de caráter nacionalista que se ajustasse de modo geral ao modelo sueco. Sob essas diretrizes, o Estado colombiano era um inimigo com o qual, pelo menos em teoria, era possível negociar. Todavia, enquanto as Farc considerassem inválida a distinção entre paramilitares e exército, as negociações de paz seriam incompatíveis com a expansão paramilitar.

A melhor maneira de descrever a ideologia das Farc seria definindo-a como um marxismo militarista fossilizado, de manual, sem nenhum aporte teórico ou empírico, combinado com liberalismo progressista *criollo*. Em resumo, sua ideologia era a de uma social-democracia autoritária própria de um pequeno Estado tributário enraizado no campo, nos municípios e nas veredas.

Diferentemente de Pastrana e das Farc, Serpa e o ELN haviam prometido ampliar a discussão sobre guerra, paz e mudanças sociais para incluir a "sociedade civil", um conceito no qual as Farc não acreditavam, pois sua maneira de entender a política provinha de uma redução maniqueísta para "amigos e inimigos", na qual não cabe a possibilidade de autonomia. A proposta de negociações entre um possível governo de Serpa e do ELN baseava-se na ideia, talvez pouco realista, de que agroempresários e fazendeiros, camponeses, sindicalistas, estudantes, organizações comunitárias, desempregados e profissionais de classe média levariam suas demandas e propostas à mesa de diálogo. De certa forma semelhante à iniciativa de Pastrana e das Farc, o ELN pediu que muitos municípios do Magdalena Medio fossem "desmilitarizados" e oficialmente reconhecidos como território do ELN, a fim de dirigir as negociações longe do campo de batalha. O acordo firmado em Mainz, na Alemanha, em julho de 1998, foi planejado para dar motivo a debates e discussões sobre investimentos e desenvolvimento regional no vale do Magdalena Medio.

Como era previsível, o processo de paz com o ELN foi sabotado pelas AUC e pelo movimento civil que dirigiu. Um possível acordo com essa organização teria favorecido pequenos e médios produtores camponeses e demonstrado a viabilidade de acordos regionais apoiados pela "comunidade internacional", com investimentos em saúde, educação e infraestrutura. Também constituía uma oportunidade para implementar uma reforma agrária em pequena escala, que abordasse não apenas o problema da distribuição da terra e de títulos, mas também assuntos relacionados a créditos, distribuição e transporte, o que pôde servir para demonstrar aos céticos que nos âmbitos locais e regionais a mudança progressista era possível. Mas as AUC mobilizaram seus clientes e bloquearam as vias de transporte nas principais artérias do país, repetindo a experiência de Puerto Boyacá durante o governo de Betancur. A derrota eleitoral de Serpa serviu de manto de esquecimento para essa proposta.

Pastrana favoreceu então a "paz fragmentada" que havia prevalecido durante o governo de Gaviria ao negociar exclusiva e diretamente com as Farc, prolongando a guerra e o domínio tecnocrático neoliberal.

Como concessão preliminar às Farc, em novembro de 1998 Pastrana retirou as Forças Armadas de uma zona de cerca de 16,2 mil hectares conhecida como Caguán, no departamento de Caquetá. Pastrana também reconheceu que a soberania das Farc nessa região era apenas lógica, visto que haviam sido o único grupo que durante anos administrou esse território. No final de 1999, Pastrana e as Farc haviam aprovado um programa de negociação de 20 pontos que incluía questões como reforma agrária, direitos humanos, recursos naturais e reestruturação socioeconômica. Entretanto, além dos compromissos assumidos com as medidas neoliberais austeras exigidas pelo FMI em troca de um empréstimo de 1,9 bilhão de dólares, Pastrana carecia do poder ou da vontade necessários para realizar as reformas. O processo de paz nasceu morto, com a exceção de algumas ocasiões relevantes quando, por exemplo, no início de 2000, representantes das Farc e do governo colombiano fizeram uma "viagem de aprendizagem" pelas capitais europeias; ou quando, em junho de 2001, as Farc libertaram 363 policiais e soldados capturados em troca de 11 dos seus – e não 50 como havia sido prometido. As Farc se retiraram das negociações preliminares entre o final de 1999 e o início de 2000, alegando pouca vontade e incapacidade do governo central para dirigir o exército e controlar as forças paramilitares em expansão nas regiões. Uma vez rompidas as negociações, a zona desmilitarizada seria utilizada como retaguarda onde se mantinha as vítimas de sequestros, que já atingiam várias centenas, e onde se preparavam as futuras batalhas.

Em 20 de fevereiro de 2002, sob uma intensa pressão por parte do exército, do bloco reacionário em ascensão política e dos meios de comunicação, Pastrana ordenou às Forças Armadas que retomassem a zona desmilitarizada. A ofensiva de Pastrana havia se iniciado poucos meses antes dos atentados de 11 de setembro, que ajudaram a deslegitimar ainda mais as Farc, tanto na Colômbia como no exterior. As Farc, por sua vez, perderam uma oportunidade de se legitimar politicamente ao lançar mão de táticas de guerra que estimularam um profundo repúdio geral e ao confiar profundamente em sua interpretação equivocada do papel das relações públicas na política contemporânea. Apesar de Pastrana ter deixado o cargo em meio a altos índices de impopularidade, a maioria dos colombianos, tanto nas zonas urbanas quanto nas rurais, estava convencida de que o problema do país era a "insegurança", entendida como prática do sequestro, tráfico de drogas, extorsão e terrorismo. As guerrilhas, especialmente as Farc, eram em geral vistas como as maiores responsáveis.

Pastrana então pavimentou o caminho para a ascensão de Uribe, conseguindo o que nenhum outro presidente havia podido fazer antes: que Tirofijo, o lendário e septuagenário líder das Farc, se convertesse no único político mais impopular do que o próprio Pastrana. Assim, entre 2001 e 2002, com o aumento dos sequestros, da extorsão e dos assassinatos seletivos em proporções atrozes, as Farc, e em menor medida o ELN, ajudaram a ascensão de um governante de mão de ferro como Uribe. Entre 1997 e 2001, as Farc sequestraram 3.343 civis, e o ELN sequestrou 3.412, tornando essa prática o principal recurso de financiamento para o ELN e o segundo mais importante para as Farc. Ao lado do sequestro, as novas táticas de guerra postas em prática pelas Farc, como o uso de cilindros-bomba de gás para uso doméstico – que atingiu seu ponto máximo de atrocidade no massacre de Boyacá, em Choco, em abril de 2002, no qual morreram incinerados 119 afro-colombianos dentro da igreja do povoado, entre homens, mulheres e crianças –, valeram-lhes o repúdio e a perda total do respaldo por parte da população de todo o país.

Os latifundiários, cuja composição de classe mudou à medida que os especuladores narcotraficantes ascendiam na escala socioeconômica, comportavam-se como antes, usando a violência para concentrar terra e dominar as políticas local e regional. Em associação com o Partido Liberal, as elites latifundiárias tradicionais se uniram com os novos ricos negociantes de droga, com agroempresários e com o exército e a polícia. Politicamente, esse bloco reacionário foi muito mais forte que o de *Los Cacaos*. Dentro desse panorama, a atitude das Farc diante das negociações de paz pode ser considerada de ceticismo cínico. A história colombiana produziu inúmeras lições sobre a "negociação" como preparação para a guerra e sobre a "anistia" como sinônimo de execução extrajudicial. Durante a presidência de Pastrana, as AUC, em aliança com criadores de gado, agroexportadores, facções do exército e da polícia, grupos de negócios e industriais, e setores influentes da Igreja Católica e dos dois partidos políticos, massacraram a base social das Farc e do ELN em números recordes. Em vários sentidos, esse novo ciclo de guerra e paz era uma repetição da guerra orquestrada em tom maior durante o processo de paz com Betancur, com uma participação mais ampla por parte do governo norte-americano e uma escalada das atrocidades por parte das forças paramilitares.

Plano Colômbia

Em meio aos protestos populares, a mobilização e os triunfos eleitorais da centro-esquerda na América do Sul a partir de 1998, a Colômbia se converteu em um aliado "geoestratégico" cada vez maior para o governo dos Estados Unidos. Durante os governos de Clinton e Bush, Colômbia e Estados Unidos implementaram o Plano Colômbia, um pacote de "ajuda" de quatro bilhões de dólares em cinco anos, cuja grande maioria dos recursos estava destinada ao exército e à polícia. O Plano Colômbia foi aparentemente projetado para combater a nova prosperidade na produção de narcóticos que explodiu no fim da década de 1990, apesar do desaparecimento do Cartel de Cali em 1996, na medida em que novos grupos de traficantes, particularmente do norte do Valle, conseguiam deixar *o negócio* mais bem organizado do que nunca. Depois da queda dos dois cartéis mais importantes do país, a delegação da repressão e da descentralização política foi acompanhada da dispersão da indústria dos narcóticos. Em 1999, a receita proveniente da venda de cocaína, maconha e heroína colombianas gerou aproximadamente 46 bilhões de dólares, dos quais 3,5 bilhões ficavam no país, ou seja, uma quantia quase equivalente aos 3,9 bilhões de dólares provenientes do principal produto de exportação colombiano, o petróleo. Esse aumento na receita responde em parte às alianças formadas entre os traficantes e as AUC – e, com menos frequência, com as Farc –, difíceis de desmantelar por parte de oficiais não corruptos.

Por sua vez, como receita estimada do imposto cobrado à produção cocaleira, calcula-se que os cofres das Farc lucraram 900 milhões de dólares em 1999; em 2000, o total da produção de coca alcançou 136.200 hectares, 70% dos quais estavam no coração dos territórios das Farc, nos departamentos de Guaviare, Caquetá e Putumayo. O general reformado Barry McCaffrey, "czar antidrogas" do presidente Clinton e antigo chefe do Comando Sul dos Estados Unidos, instou os legisladores norte-americanos a se unirem à luta contra o "narcoterrorismo", argumentando que, enquanto as Farc operassem como cartel, a luta frontal contra esse grupo teria de ser travada também como guerra contra as drogas. Teoricamente, na luta antidrogas seriam empregados helicópteros, tanques, aviões, radares, comunicações por satélite e treinamento de vanguarda, mas na prática seriam utilizados para atacar as Farc e sua economia de guerra. Essa estratégia foi traçada sob recomendações da Rand, corporação de investigação e desenvolvimento que em um informe urgiu a derrota das guerrilhas em vez de simplesmente sua contenção, e citou as *rondas campesinas* peruanas e as *guardias civiles* guatemaltecas como evidências de uma estratégia contrainsurgente militar-paramilitar mais direta. Em outro informe, a Rand usou como exemplo El Salvador da década de 1980 para ilustrar como deveria ser a política dos Estados Unidos em relação à Colômbia.

Embora antes do Plano Colômbia a "guerra contra o terrorismo" constituísse parte substancial da "guerra contra as drogas", sua total aplicação em 2002 incorporou, além disso, a problemática do petróleo, conforme declarou o analista político paquistanês Aijaz Ahmad (2006):

> Depois da Venezuela e do México, a Colômbia é a terceira maior fonte de petróleo latino-americano para os Estados Unidos – responsável por cerca de 3% do consumo norte-americano – embora a maioria dos recursos petroleiros do país permaneça até agora ainda inexplorada [...] Poderíamos acrescentar que, ao contrário das percepções populares, os Estados Unidos importam para seu consumo interno mais petróleo da América Latina do que do Oriente Médio, e que a Colômbia compartilha com a Venezuela e com o Equador a Faixa Petrolífera do Orinoco venezuelana, que se suspeita possuir a maior jazida de hidrocarbonetos do mundo. O futuro das relações entre a Venezuela e os Estados Unidos e, consequentemente,

do petróleo venezuelano para o consumo norte-americano é incerto. A importância da provisão da Colômbia, presente e futura, aumenta proporcionalmente.

Nessa nova fase de intensificação do conflito e maior participação direta por parte dos Estados Unidos, colocava-se em jogo o controle do futuro das reservas de petróleo da Colômbia, que foi provado estarem situadas em território das Farc. Além disso, apostava-se em fazer do país um muro de contenção para a Revolução Bolivariana de Hugo Chávez na vizinha Venezuela. A partir de então, a Colômbia recebeu muito mais ajuda do que qualquer outro governo fora do foco principal das novas e velhas guerras coloniais nos territórios ocupados do Iraque, Afeganistão, Ribeira Ocidental e Leste de Jerusalém.

O Plano Colômbia exigia uma "arremetida para o sul", ou seja, para Caquetá e Putumayo, zonas de cultivo de coca sob o controle das Farc, o que implicava que a "ajuda antidrogas" norte-americana seria empregada, portanto, na contrainsurgência. John Kerry argumentou no Senado que, embora "a linha entre os antinarcóticos e a contrainsurgência não seja totalmente clara na Colômbia",[1] o governo dos Estados Unidos "não pode permitir que isso detenha [...] a extensão da ajuda". Para as Forças Armadas e a polícia colombianas, essa aquiescência por parte dos governos norte-americanos significou a duplicação do que foi recebido a cada ano, desde 1997 até 2000.

O Bloco Oriental das Farc foi objeto de um grande protesto internacional quando assassinou três ativistas norte-americanos dos direitos indígenas que trabalhavam com o povoado U'wa em sua luta para manter a Occidental fora do seu território. Pouco tempo depois, o ministro da Defesa colombiano, que não era amigo dos U'wa nem de sua causa, renunciou em protesto às negociações de paz em curso com as Farc.

---

[1] John Kerry's Statement. 15 out. 2004. Disponível em: www.apcol.org. Acesso em: 6 abr. 2010.

Embora o Plano Colômbia viesse sendo discutido desde meados de 1998, só chegou a ser prioridade para o Congresso norte-americano dominado por republicanos em meados de 1999, imediatamente após esses assassinatos cometidos pelas Farc. Em agosto de 2000, o general McCaffrey visitou Bogotá acompanhado do subsecretário de Estado Thomas Pickering, com o objetivo de solicitar ao presidente Pastrana que esboçasse uma proposta para fortalecer as Forças Armadas, aprofundar a guerra contra as drogas e deter a hemorragia econômica que havia se iniciado em 1998. Menos de dois meses mais tarde, o Plano Colômbia circulava em inglês. Em julho de 2000 foi assinado como lei em Washington, em vez de em Bogotá. Um mês depois, no final de agosto de 2000, o presidente Clinton rapidamente cancelou as disposições com respeito aos direitos humanos que a Emenda Leahy prescreve, concedendo uma aprovação tácita à obscura colaboração militar-paramilitar e abrindo com isso a porta para o desembolso de 1,3 bilhão de dólares em "ajuda", dos quais 80% seriam destinados ao exército e à polícia.

Com o Plano Colômbia já pronto a entrar em vigor, as AUC anunciaram sua chegada a Putumayo com uma série de "limpezas políticas" e massacres. Evidentemente, sua missão era liberar o terreno para um avanço militar, que, como se esperava, se materializou em dezembro de 2000 com a chegada de um batalhão antinarcóticos de mil homens, que tinha como principal tarefa assegurar o cultivo de coca por um tempo suficiente para que pilotos colombianos e mercenários norte-americanos os fumigassem do ar. Um ano depois, as AUC haviam se convertido nos donos da cocaína em Putumayo. Com o respaldo que o Plano Colômbia lhes proporcionava, as tropas paramilitares se mobilizaram posteriormente para os departamentos vizinhos de Nariño e Caquetá, zonas que depois se converteram em dois dos departamentos mais conflituosos do país, regidos pela economia da coca.

Embora o Plano Colômbia tenha obtido êxito em relação à profissionalização das Forças Armadas e da Polícia Nacional, assim como na fumigação de grandes áreas semeadas com coca, até 2006 não conseguiu enfraquecer a guerrilha nem atrapalhar o negócio dos narcóticos. Em outras palavras, em vez de pôr freio a essa dinâmica de guerra, o Plano Colômbia a aprofundou. Desde 1998 até o fim das negociações de paz em 2002, os paramilitares aumentaram os massacres, a expropriação e o deslocamento, amiúde trabalhando coordenados com o exército colombiano, a ponto de, sem renunciar ao terror como sua tática preferida, o tráfico de narcóticos e a expropriação se converterem em suas principais fontes de poder. O aumento dos sequestros por parte das guerrilhas cresceu paralelo ao aumento dos massacres paramilitares; mas enquanto a primeira prática estava direcionada principalmente à classe média e aos proprietários, a segunda afetava exclusivamente os minifundiários camponeses, habitantes da fronteira agrícola, trabalhadores rurais e comunidades indígenas e afro-colombianas.

Laços familiares

Ao fazer do sequestro a base da sua campanha, Álvaro Uribe Vélez, candidato favorito das AUC, tirou partido dos temores dos proprietários rurais e urbanos, aos quais ofereceu "segurança" diante das ameaças guerrilheiras, enquanto aos jovens desempregados do campo e da cidade foram abertas frentes de trabalho no florescente negócio da segurança privada. Assim como o pai de Castaño, o de Uribe Vélez também foi assassinado pelas Farc. Os fantasmas de *La Violencia* reapareciam: a superação do trauma pessoal e a restauração da honra familiar por meio da guerra contrainsurgente foram traços distintivos dos personagens políticos e das figuras públicas que Uribe e Castaño encarnaram. Essas histórias pessoais foram levadas ao poderoso cenário da retórica, sofrimento com o qual a maioria das classes média e dominante se identificou, da mesma maneira que as famílias de soldados, policiais ou paramilitares.

Em consequência disso, o apoio a Uribe e a um "processo de paz" com as AUC se difundiu amplamente, e ele foi eleito para a Presidência com um programa bem definido, embora simples: não mais tentativas de negociar com a subversão, mas sim "mão firme". A solução era eliminar as guerrilhas e, por trás dessa aposta, alinhavam-se o Partido Liberal, o alto comando militar, as companhias bananeiras multinacionais e processadoras de óleo de palma, magnatas floricultores, barões do narcotráfico e fazendeiros de gado. Apesar de financiar a privatização parcial da contrainsurgência, estes apoiaram os clamores por uma maior violência estatal contra as guerrilhas, definidas como tal de maneira vaga e ampla para incluir qualquer um que trabalhasse em prol da mudança social. Nas eleições de 2002, Álvaro Uribe Vélez encarnou as esperanças que estavam por trás dessa nova aproximação da guerra e da paz na Colômbia, um candidato que embora tivesse surgido das alas do Partido Liberal, apresentava-se como independente e, nas palavras do próprio Carlos Castaño, como "o homem mais próximo à nossa filosofia".

O germe dessa filosofia está em uma visão particular do papel dos cidadãos no conflito. Como declarou Castaño, "na guerra, um civil desarmado é um termo relativo. Dois terços da guerrilha são membros desarmados que operam como população civil e colaboram com a guerrilha" (apud Romero, 2000). No centro das políticas de "segurança democrática" de Uribe jaz essa noção de que o Estado precisa de cidadãos que colaborem com as Forças Armadas. Uma posição muito similar à do general Bedoya, quando declarou que, "com respeito aos criminosos, ninguém pode ser neutro [...] A neutralidade não é possível. Ou se está com os terroristas ou se está contra eles" (apud Kirk, 2003). Vale esclarecer que a visão de Bedoya foi publicada antes de 11 de setembro de 2001. Entretanto, similar ao governo de Bush em Washington, o de Uribe se ergue como um governo parlamentar semiautoritário que não respeita nem os direitos individuais nem as leis internacionais.

Em outras palavras, essa virada na política colombiana representa uma extensão da Guerra Fria. Na construção de uma rede nacional de informantes, "soldados camponeses" e "famílias guardas florestais", Uribe seguiu as ideias articuladas e praticadas pelo general Ruiz na década de 1960 e atualizadas durante as décadas de 1970 a 1990 por generais como Yanine,

Camacho, Bedoya e Del Río. Enquanto o general Yanine e Pablo Guarín a puseram em prática pela primeira vez no Magdalena Medio no início da década de 1980, seu desenvolvimento mais profundo teve lugar ao nordeste de Antioquia e sul de Córdoba entre 1987 e 1990, sob a égide de Fidel Castaño, até alcançar seu posterior aperfeiçoamento em Urabá, sob a liderança de Carlos Castaño e do general Del Río durante o mandato de Uribe Vélez como governador de Antioquia. Tendo em vista que o objetivo era conseguir que os civis colaborassem com as Forças Armadas, especialmente coletando informações de inteligência, uma das principais metas do governo nacional de Uribe foi recrutar um milhão de informantes pagos, meta ultrapassada em agosto de 2004 por 1,5 milhão de registros a mais do que o planejado. O exército de 20 mil "soldados camponeses" que Uribe projetou apoiou-se em redes de inteligência articuladas pelo parentesco e pela amizade, o que significava que para cada soldado camponês havia talvez quatro informantes a mais, não pagos. O mesmo aconteceu com as famílias dos 36,5 mil "guardas-florestais" ao longo da costa atlântica, área dominada pelas AUC.

Apenas quatro dias depois da cerimônia de posse, durante a qual várias explosões de morteiro impactaram os arredores da Casa de Nariño em um ataque subcontratado pelas Farc, Uribe, na qualidade de presidente, determinou como primeiro passo a declaração de estado de emergência em todo o país e a abertura formal das "negociações" com as ACCU (bloco dirigente das AUC). Com o objetivo de realizar isso, revogou a Lei nº 418 de 1997, que estipulava que o governo não podia fazer acordos nem dialogar com um grupo carente de *status* político, e a substituiu pela Lei nº 782, que eliminava sumariamente essa cláusula. Uribe também estabeleceu um imposto especial destinado a cobrir os esforços de guerra aberta contra a subversão e como complemento aos recursos do Plano Colômbia. Tropas, aviões e tecnologia de vigilância norte-americanos operavam como instrumento de apoio e orientação durante as diferentes campanhas de "extermínio de bandidos" realizadas em zonas ricas em hidrocarbonetos, como Arauca, Sucre e Bolívar, assim como em regiões com cultivos de coca ao sul e ao sudeste do país.

A "Lei de Justiça e Paz", aprovada em junho de 2005, conferiu impunidade aos paramilitares desmobilizados (ver Capítulo 9), dando margem a perguntas sem respostas sobre a história familiar de Uribe. O congressista Gustavo Petro, antigo militante do M-19, foi um dos políticos de oposição que denunciou os vínculos de Uribe com o narcoparamilitarismo. Essas denúncias permaneceram circulando enquanto as AUC se preparavam para entrar na política formal no ciclo de eleições de 2006, com seus recursos e armamentos intactos. Quando o senador da oposição, Gustavo Petro, declarou que um dos irmãos de Uribe e dois de seus primos de segundo grau tinham muito a ganhar com a nova legislação, *The Miami Herald* difundiu essas denúncias, mencionando a conexão do pai de Uribe com os Ocho e com Pablo Escobar, e do irmão de Uribe Vélez com grupos paramilitares (*Los 12 Apóstolos*, *Los R*), além de propriedades específicas – uma delas, *La Carolina*, copropriedade do presidente Uribe com o irmão em questão.

Embora circunstancial, a evidência resulta extremamente interessante para qualquer investigador. Em meados da década de 1970, o pai de Uribe, Alberto Uribe Sierra, morava em Laureles, um bairro de classe média de Medellín, quando um estranho revés do destino o catapultou para a riqueza, convertendo-o em um influente intermediário político, corretor de imóveis e, nas palavras de um jornalista investigativo premiado, um "famoso traficante". Ele se gabava de possuir extensas fazendas de gado nas savanas do norte de Antioquia e sul de Córdoba, também fazendo parte de um grupo de narcoespeculadores antioquenhos que comprava terras baratas em áreas onde a presença ativa das Farc e do EPL havia provocado a queda dos preços. Uribe Sierra também estava conectado por vínculos matrimoniais com o clã Ochoa, família antioquenha de alta estirpe envolvida no tráfico de drogas e que, em associação aos mafiosos mais destacados, formou o Cartel de Medellín e posteriormente o MAS, nos anos de 1980. Quando Pablo Escobar lançou sua campanha "Medellín sem barracos" em 1982, Uribe Sierra organizou uma corrida de cavalos para captar fundos para essa iniciativa. Nesse mesmo ano, quando os mandatários regionais e locais ainda eram escolhidos pelo Executivo, e não em eleições populares, Uribe Vélez foi indicado prefeito de Medellín como um favor ao seu pai por haver financiado a campanha de Belisario Betancur. Entretanto, foi rapidamente destituído pelo então governador de Antioquia.

Apesar da brevidade do seu mandato como prefeito de Medellín, os narcotraficantes se referiam a essa cidade sob a administração de Uribe Vélez como "o santuário". Quando Uribe Sierra foi assassinado em sua fazenda, em 1983, o jovem Álvaro voou até o local em um helicóptero de propriedade de Pablo Escobar. O presidente Betancur e importantes membros da elite regional assistiram ao funeral de Uribe Sierra, demonstrando como estavam dispostos a passar por cima de operações de negócios duvidosas das quais alguns deles haviam se beneficiado.

Similares aos obscuros vínculos de seu pai com setores da ilegalidade, na fortuna e trajetória pessoais de Uribe Vélez destacam-se algumas coincidências. Por exemplo, uma de suas fazendas em Córdoba fazia fronteira com uma propriedade de Salvatore Mancuso, comandante paramilitar "empresário da coerção" que serviu como líder das Convivir em Córdoba e, posteriormente, tornou-se uma das figuras mais reconhecidas das AUC. Uribe disse conhecê-lo como fazendeiro e criador de gado, assim como só conhecia os Ochoa como proprietários de cavalos. Um ex-chefe da DEA dos Estados Unidos declarou há alguns anos que, entre 1994 e 1998, período que coincide com a administração de Uribe Vélez no governo de Antioquia entre 1995 e 1997, Pedro Juan Moreno Villa, então secretário de Governo e, tomando emprestada uma expressão do colunista Alfredo Molano, o "Montesinos" do governo, converteu-se no principal importador de permanganato de potássio do país, precursor químico fundamental para o processamento de cocaína. Moreno Villa foi também um dos assessores de campanha de Uribe em 2002 e, ao lado do general Bedoya, líder do movimento político Fuerza Colombia, organizou, em maio de 1999, um ato de desagravo no Hotel Tequendama para o general Del Río, depois de ter sido demitido pelo presidente Pastrana por seus vínculos com os paramilitares. Esse evento finalmente serviu de plataforma de lançamento da campanha presidencial de Uribe Vélez. Com Moreno Villa, o general Del Río assumiu como assessor de campanha. Em 2005, o caso contra o general Del Río foi arquivado. Entretanto, ele foi preso em setembro de 2008 por ordens do Ministério Público logo após declarações contra ele serem apresentadas por chefes paramilitares como Évar Veloza, apelidado de H.H., e Salvatore Mancuso, o primeiro esperando ser extraditado para os Estados Unidos e o segundo enfrentando acusações de lavagem de dinheiro e narcotráfico em uma prisão na Flórida. Baseando-se na sua escolha de amigos, vizinhos, assessores e ministros, Antonio Caballero, possivelmente o humorista político mais famoso da Colômbia depois do assassinato em 1999 daquele que desfrutava desse reconhecimento, declarou que Uribe parecia "fã das más companhias".

Assim como em conjunturas anteriores, no final da década de 1990 a fração reformista da classe dominante não conseguia representar sua classe como um todo, que dirá a nação. Em sua guerra contra o Estado e seus aliados narcoparamilitares, as guerrilhas intensificaram as campanhas de sequestro, extorsão, ataques com explosivos – conhecidos como cilindros-bombas ou *pipetas* – e inclusive massacres, que fizeram da guerra o dia a dia dos habitantes das cidades e dos municípios, sem distinção de classe, raça, sexo ou geração. Avivadas pela histeria midiática, essas táticas fizeram a maioria dos eleitores optar pela busca quixotesca da "segurança", encarnada pelo autoritarismo da direita *uribista* alinhado aos princípios de contrainsurgência da Guerra Fria.

9. À beira do precipício (2002-2005)

> O presidente Uribe transformou a sociedade colombiana em uma sociedade que professa a cultura do paramilitarismo [...] Por isso na Colômbia estamos caminhando para um Estado mafioso.
>
> Ramiro Bejarano, ex-chefe do DAS, advogado e colunista, 2006

Embora o Plano Colômbia tenha fracassado em termos de erradicação de narcóticos, triunfou quanto à modernização das Forças Armadas colombianas, que careciam de armamento, particularmente helicópteros, e também de unidades de combate treinadas. Entretanto, também teve sucesso em relação à consolidação das influências política, social e territorial do paramilitarismo em áreas anteriormente dominadas pelas guerrilhas. Ao assinalar como objetivos quase exclusivos as zonas das Farc, o Plano Colômbia colaborou para que os paramilitares integrassem verticalmente seu empreendimento criminoso e o convertessem em um instrumento político. O debate em torno da "Lei de Justiça e Paz", que tinha por objetivo regular a participação paramilitar dentro da política oficial e da sociedade civil, estruturou-se em torno de duas ideias opostas: memória e justiça *versus* esquecimento e paz. Uma forma muito estranha de determinar o destino de um grupo que admitiu publicamente ter feito dos massacres, do tráfico de drogas e da expropriação seu *modus operandi* em seu afã por erradicar as guerrilhas.

A necessidade de perdão e esquecimento em lugar de verdade ou justiça estava relacionada a dois aspectos que essa lei precisava abordar. Primeiro com a iniciativa das AUC de ingressar plenamente na política formal e segundo com os estreitos vínculos entre o paramilitarismo, a polícia e as Forças Armadas, documentados em muitos informes do *Human Rights Watch*, da Anistia Internacional e do Departamento de Estado dos Estados Unidos. Ao mesmo tempo em que aqueles que lutaram junto ao Estado com base na ilegalidade eram incorporados politicamente, o ELN, encurralado até o limite, iniciava conversas preliminares com o governo de Uribe, enquanto as Farc ficavam excluídas e submetidas ao Plano Patriota, a maior ofensiva militar da história, respaldada pelos Estados Unidos e posta em prática sobre o terreno com 18 mil efetivos.

Depois da chegada de Uribe à Presidência, os paramilitares intensificaram seu controle sobre o clientelismo e a política. Nas altas esferas do paramilitarismo começaram a proliferar os líderes que, por meio da compra de blocos e tropas, se tornaram comandantes como uma forma de sepultar seus históricos como narcotraficantes. Nomes como Francisco Javier Zuluaga, José Vicente Castaño (irmão de Carlos e Fidel Castaño), Hernán e Jesús Giraldo, Rodrigo Tovar Pupo (cognominado de "Jorge 40") e Diego Fernando Murillo (conhecido como "Don Berna") haviam sido reconhecidos principalmente por sua reputação no submundo da máfia. Uma vez iniciadas as negociações, todos, exceto Castaño, apareceram vestindo uniformes de comandantes paramilitares de uma maneira tão oportuna que, dentro do debate público, terminaram batizados com o apelido de "paraquedistas", tendo sido inclusive afirmado que o que estavam tentando fazer era obter *passaportes* para evitar a extradição para os Estados Unidos. A maioria deles, no entanto, foi extraditada em maio de 2008, depois que Salvatore Mancuso ameaçou falar sobre seus vínculos com empresários, políticos e as Forças Armadas.

Córdoba, bastião dos irmãos Castaño e de Salvatore Mancuso, foi o lugar onde nasceu a "Colômbia Viva", movimento político projetado para conseguir apoio para a incorporação das AUC às instituições do Estado. Santa Fé de Ralito, situada ao sul do departamento, foi escolhida pelas AUC como lugar de negociações com o governo. A "Colômbia Viva" conseguiu duas cadeiras para Córdoba nas eleições de 2002. As AUC exercem vigilância sobre a Universidade de Córdoba e administravam o único hospital situado no sul do departamento. Nos municípios de Tierralta e Valência, considerados as capitais políticas das AUC, os dois prefeitos eleitos em 2003 pertenciam à "Colômbia Viva". Os demais candidatos se retiraram alegando ameaças dos paramilitares. Em 10 de abril de 2005, ao lado de outros dois deputados, o membro da assembleia departamentar Orlando Benítez Palencia foi assassinado em Valência por paramilitares do Bloco Heróis de Tolová, de Don Berna. Benítez não deu ouvidos às advertências para não lançar sua candidatura à prefeitura do município.

Segundo Enrique Santos Calderón, editor de *El Tiempo*, narcotraficantes, paramilitares e chefes políticos (*gamonales*) uniram-se ao longo da costa atlântica (*El Tiempo*, 23 maio 2005). O departamento de Magdalena, controlado por Hernán Giraldo e Rodrigo Tovar (alcunhado de "Jorge 40"), foi um dos melhores exemplos. O candidato a governador das AUC, Trino Luna Correa, venceu em 2003 sem oposição. Outros candidatos renunciaram devido a ameaças e provocações dos paramilitares, e o número de eleitores que votaram em branco foi maior do que os que votaram em Luna. As AUC garantiram a vitória de três senadores e de três representantes na Câmara. Quando Efraín Escalante insistiu em se candidatar a prefeito de Concórdia, apesar das ameaças das AUC, foi assassinado. Em Santa Marta, capital de Magdalena, os paramilitares rapidamente amealharam uma fortuna cobrando impostos dos caminhões que transportavam mercadorias para os navios mercantes que atracavam nos cais do porto. Todo tipo de comerciantes, desde vendedores ambulantes até lojistas, pagavam-lhes impostos. Através de Dibulla, Mingueo e Palomino, povoados situados no sopé da Sierra Nevada de Santa Marta, ao longo do departamento vizinho de La Guajira, os paramilitares exportavam drogas e armas sem ser incomodados, apesar da presença considerável da polícia e do exército nas estradas.

Antioquia, berço do presidente Uribe, também constituiu outro exemplo de controle militar flagrante. Apesar da desmobilização do Bloco Cacique Nutibara em novembro de 2003, Diego Fernando Murillo (conhecido como "Don Berna" no submundo e chamado de "Adolfo Paz" dentro das AUC) continuou mandando na cidade a um ponto que Escobar jamais sonhou. Nascido em Tulúa, no Valle del Cauca, centro de operações de *los pájaros* na década de 1950, depois de abandonar o EPL, Murillo se transformou em um dos assassinos profissionais ou o *sicario* que mais rapidamente ascendeu na organização de Escobar, sobrevivendo a vários ciclos de guerra sangrenta até se converter no chefe indiscutível da máfia de Medellín. Em 2005, da mesa de negociação em Santa Fé de Ralito, comandou os blocos Heróis de Granada, Calima, Libertadores do Sul, Pacífico e Heróis de Tolová, até que finalmente se entregou no final de maio de 2005. Em troca de benefícios políticos sob a "Lei de Justiça e Paz" que mal havia começado a tramitar, de início concordou em permanecer sob a supervisão do governo em uma fazenda em Córdoba, próxima à sede da mesa de negociações. Posteriormente, em resposta às pressões do governo dos Estados Unidos após o assassinato de um deputado do departamento de Córdoba, Murillo foi levado a uma prisão de segurança máxima, mas depois voltou para uma prisão local bem ao sul de Medellín, em seu próprio território, de onde continuou administrando seus negócios do crime organizado.

Em 2004, enquanto seu exército privado se esforçava para assumir o controle dos serviços de televisão a cabo, os candidatos de "Don Berna" obtiveram 30 cargos em diferentes Juntas de Ação Comunal em Medellín e se apoderaram da construção civil, das propriedades, das finanças, do transporte e do comércio de atacado e varejo. Por meio do chamado "Escritório de Envigado", "Don Berna" supervisionava a extorsão, a coleta de informações de inteligência, a vigilância, o recrutamento e o treinamento de *sicarios*, os roubos de automóveis, os assaltos a banco, o jogo de azar, a prostituição, a venda de drogas, a lavagem de dinheiro e a segurança privada. Por meio de sua ONG, Corporación Democracia, Don Berna havia começado a selecionar os candidatos para as eleições legislativas nacionais de março de 2006.

A expansão paramilitar foi tão extensa que até mesmo em Bogotá começaram a tornar públicos processos similares em andamento. Os paramilitares controlavam o mercado principal de alimentos no atacado, assim como os mercados *duty-free* (conhecidos como "sanandresitos"), aproveitando-se da produção camponesa local, das redes de informantes não oficiais, das vendas de CDs piratas e da telefonia celular. Estavam envolvidos no tráfico de cocaína e investiram em lojas, concessionárias de automóveis, postos de gasolina, construção, jogos de azar, contrabando e motéis. Segundo um informe oficial, os paramilitares dominavam distritos marginais inteiros, tais como Ciudad Bolívar no sul, utilizando bandos ou gangues de jovens locais para assumir o controle da economia. Para ilustrar a situação com maior clareza, um dos autores desse informe advertiu que Bogotá estava se convertendo em algo similar à Medellín de "Don Berna".

Com o passar do tempo, a máfia da droga paramilitar organizou a juventude desempregada em um exército laboral contrainsurgente, móvel e disciplinado – o qual superou amplamente o que um dia Marx concebeu quando descreveu o papel do lumpenproletariado na França de meados do século XIX. Habitantes desempregados dos bairros pobres, especialmente de Antioquia, dos diferentes municípios do eixo cafeeiro e dos Santanderes, povoaram grande parte da costa atlântica ao longo do século XX. Enquanto a colonização da fronteira cafeeira no século XX levou à fundação de novos municípios sob os auspícios dos partidos Conservador e Liberal, a segunda onda de colonização ocorreu a partir de bairros pobres ou municípios no interior do país para outros povoados e bairros marginais, principalmente situados na periferia nacional, favorecendo o projeto das AUC. Enquanto as Farc abandonavam a "combinação de todas as formas de luta", seus oponentes a empregavam mais efetivamente do que nunca. A primeira vitória fundamental dos paramilitares teve lugar durante as eleições para o Congresso em março de 2002, nas quais obtiveram entre 30% e 35% dos votos.

Entretanto, uma nova geração de soldados havia substituído os velhos veteranos de guerra moldados pelos parâmetros estabelecidos pelos Castaño e por Mancuso. A nova camada não usava uniformes nem vivia em regiões montanhosas ou de terras baixas afastadas; em vez disso, deslocava-se anonimamente nas cidades e nos principais municípios, desempenhando tarefas cotidianas de administração, ocupação e acúmulo. Essa geração surgida da ascensão do paramilitarismo era mais parecida com *los pájaros* dos anos de 1950 do que com as tropas de Castaño dos anos de 1990. Muitos dos novos recrutas andavam desarmados e, diferentemente das Convivir, não portavam equipamentos de radiocomunicação em seus cinturões. Em Valledupar, Santa Marta, Cartagena e, em geral, nas cidades costeiras do norte do país, em Bucaramanga e Barrancabermeja nos Santanderes, em Villavicencio e Puerto Asís nas selvas do sul, em Medellín, Cali e Bogotá no coração andino, e em Pereira, Armênia e Manizales no eixo cafeeiro, os membros dessa nova geração de paramilitares podiam ser vistos alugando telefones celulares, atendendo em bancas de frutas, vendendo CDs e óculos, dirigindo táxis, encarregando-se de oficinas mecânicas, vigiando prédios públicos e negócios privados, cobrando faturas, supervisionando os movimentos das pessoas dentro e fora dos bairros, protegendo políticos e homens de negócios, conduzindo suas motos em diligências e tarefas variadas, ou simplesmente sentados em restaurantes, bares, padarias e cafés, escutando furtivamente as conversas alheias.

"Blindagem jurídica"

No final de junho de 2005, o Congresso Colombiano (35% do qual era controlado por paramilitares, segundo os próprios comandantes paramilitares Mancuso e José Vicente Castaño) aprovou a "Lei de Justiça e Paz". No final de julho, Uribe a assinou apesar da controvérsia nacional e internacional. O diretor da organização Human Rights Watch-America's Watch advertiu que a lei "lavaria os registros criminais dos altos comandantes paramilitares, incluindo alguns dos mais poderosos senhores da droga do país, ao mesmo tempo em que lhes permitiria conservar suas riquezas e manter o seu controle sobre a maior parte do país". Um "violentólogo" respeitado e veterano previu um cenário de italianização que "produziria uma ordem baseada no crime e na crueldade", na qual o "terror e a concentração extrema da riqueza" seriam os traços distintivos (Guizado, 2005).

Assim como o discurso "antiterrorista" negava às guerrilhas a possibilidade de conseguir reconhecimento político como atores armados contra o Estado, sob o artigo 72 da "Lei de Justiça e Paz", as AUC se asseguraram um *status* político como "subversivos" e "rebeldes". Isso permitiria aos altos comandantes evitar sentenças prolongadas de prisão e/ou a extradição. As sentenças seriam de no máximo seis anos e meio. A um grupo de vinte fiscais seriam dados no máximo sessenta dias para investigar os crimes. Não seriam esclarecidos aspectos do paramilitarismo que pudessem revelar seu parentesco com o poder oficial, tais como estruturas de comando, logística, rotas de transporte, finanças, investimentos, alianças políticas e outros.

O senador Rafael Pardo, antigo seguidor de Uribe e que, como ministro da Defesa de Gaviria, defendeu a ideia das Convivir, ajudou na coautoria de uma lei que estabelecia a investigação das estruturas financeiras, militares e políticas das organizações paramilitares, junto com alguma forma de compensação para as vítimas de seus crimes contra a humanidade. Também afirmou que a legislação de "Justiça e Paz" realizava "uma farsa de justiça" e advertiu que isso poderia "estabelecer de maneira legal um modelo político com base no crime organizado". O ex-presidente Gaviria, procurando salvar o Partido Liberal do colapso sob a pressão do *uribismo*, fez eco ao expressado por Pardo. "As máfias estão se apoderando de vários departamentos do país", insistiu, "já não apenas em questões de drogas, mas também de administração pública, e não se vê nenhuma ação; o que se vê é o presidente muito à vontade com essa situação", denunciou em uma entrevista à rádio *La W*, de Caracol. "São máfias como a italiana, com tentáculos no Estado", acrescentou. Tanto Gaviria como Pardo concordaram que a "Lei de Justiça e Paz" de Uribe garantiria a impunidade aos líderes do crime organizado, facilitando a penetração da máfia nas regiões, cidades e municípios.

Como o governo de Bush não financiaria senão uma fração do improvisado e legalmente duvidoso processo de desmobilização, cujos custos o embaixador Wood estimou em 170 milhões de dólares, Uribe inicialmente fixou sua atenção na Europa e no resto do mundo. O embaixador norte-americano William Wood qualificou a presença de Mancuso perante o Congresso colombiano em julho de 2004 como "absurda" e insistiu que os paramilitares não eram atores políticos, mas, sim, "criminosos, narcotraficantes, assassinos e ladrões". Mesmo assim, em 2006, o governo norte-americano separou 20 milhões de dólares para destinar ao processo de desarmamento.

Durante uma reunião em Cartagena, em fevereiro de 2005, os governos europeus e as agências multilaterais pediram que os crimes paramilitares contra a humanidade fossem castigados, evidenciando o poder relativo com o qual as organizações de direitos humanos contam na União Europeia, ao contrário do que acontece nos Estados Unidos. O desembolso dos recursos dependia da aprovação de uma legislação que ordenasse a investigação, a prisão e alguma forma de compensação para as vítimas. Seguindo a posição da ONU, a União Europeia repudiou de forma contundente a "Lei de Justiça e Paz" de Uribe, qualificando-a de inaceitável segundo os padrões internacionais. Em todo caso, o apoio a contragosto da Europa às políticas de "segurança democrática" e negociações de paz com os paramilitares, qualquer que fosse seu *status* político, foi uma virada surpreendente na diplomacia da União Europeia no país. Desde a década de 1980 até os primeiros anos do governo de Pastrana, o apoio da Europa a um processo de paz negociada com as Farc e o ELN foi o eixo central da sua política internacional com relação à Colômbia.

Em uma mostra de quanto havia mudado a política exterior da União Europeia depois de ter concordado com a ocupação anglo-americana do Iraque, em abril de 2005, o ministro da Defesa alemão Hans Georg Wagner expressou seu entusiasmo pela "segurança democrática". O contraste entre o tratamento dado às AUC e às Farc não podia ser mais notável. As Farc nunca haviam aceitado um cessar-fogo com o governo de Pastrana, e por isso não se desprestigiavam ao violá-lo, como faziam as AUC diariamente. O território das Farc estava na mira para ser tomado pelo Plano Patriota, uma iniciativa que ajudou a converter o conflito colombiano em uma fonte de contínua tensão diplomática regional. Embora esse plano de 700 milhões de dólares tenha sido em sua maior parte financiado pelo governo colombiano, também foi supervisionado por 800 conselheiros norte-americanos e 600 mercenários, que deram apoio tanto nas áreas de logística como de inteligência militar. Além disso, contou com mais de 100 milhões de dólares anuais como "ajuda".

O Plano Patriota teve início no final de 2003, com o objetivo de expulsar as Farc de uma zona de aproximadamente 187 quilômetros de extensão entre os departamentos de Caquetá, Meta, Guaviare e Vaupés, e conseguir a captura e a extradição de seus líderes para os Estados Unidos. Com o componente da extradição, o Plano Patriota foi aplicado como uma espécie de Operação Marquetalia aumentada e robustecida em homens, recursos e tecnologia, ameaçando expandir a guerra até a Venezuela e o Equador. Cerca de 20 mil tropas equatorianas se agruparam ao longo da fronteira colombiana em abril de 2006, enquanto na Venezuela mais de 100 colombianos foram presos por conspirar para assassinar Hugo Chávez em coordenação com os paramilitares e o DAS da Colômbia, serviço de inteligência que só responde à Presidência.

Terra arrasada na *República Ganadera*

Em contraste, permitiu-se aos paramilitares ficar com as melhores terras do país, com as redes mais rentáveis de produção, transporte e distribuição de narcóticos, sem mencionar os negócios legais de fachada. Segundo a Controladoria Geral da República, o ímpeto paramilitar de finais dos anos de 1990 e princípios do novo século culminou na concentração de cerca da metade de toda a terra cultivável do país em suas mãos. Estima-se que os paramilitares expropriaram aproximadamente cinco milhões de hectares entre 1997 e 2003, o que veio a se tornar a maior tomada de terras na história da Colômbia. Um analista colombiano assegurou que o poder da classe dominante latifundiária tornou a Colômbia simplesmente atávica. Outros apelidaram o país de "República Ganadera". A contrarreforma agrária realizada por forças de "autodefesa", como os paramilitares chamavam a si mesmos, favoreceu as plantações de banana e palma, assim como as companhias madeireiras e as fazendas de gado. Os números falam por si: em 1987, 35 milhões de hectares foram consagrados ao gado e, em 2001, 41,7 milhões. Em 1984, as fazendas com mais de 500 hectares ocuparam 32,7% da terra; em 1996, 44,6%; e em 2001, 61,2%. Em 2004, 0,4% dos latifundiários possuíam 61% de todas as terras com títulos, enquanto a pobreza rural aumentou de 82,6% em 2001 para 85% em 2003.

Certamente, os números não podem contar as histórias dos desabrigados, que, em sua maioria, além do trauma, vivem perseguição e discriminação políticas nos novos assentamentos. Apesar das declarações públicas por parte do governo, era pouco provável que mais de um punhado de deslocados regressasse ao seu lugar de origem, e menos provável ainda que suas terras, a maioria sem títulos de propriedade, fossem devolvidas. Apenas uma em cada três pessoas deslocadas recebeu ajuda de qualquer tipo por parte do governo; e embora se tenha falado muito dos 15 milhões de hectares de selva tropical destruída e semeada de coca, entre 75 e 100 milhões de hectares de selva haviam sido desmatados para abrir caminho para o gado. O controlador geral falou do "poder senhorial" antidemocrático no campo, qualificando os narcoparamilitares como os que exercem o "poder real" em regiões e municípios.

Com o aumento da concentração de terras, a expropriação e o desalojamento, as fumigações aéreas durante o Plano Colômbia foram uma iniciativa tão custosa como destrutiva. As aspersões causaram a propagação de infecções respiratórias e dermatológicas na população civil, especialmente em crianças e idosos, destruindo cultivos lícitos e ilícitos e envenenando rios e solos. Não obstante, de 2002 a 2004, Washington e Bogotá alegaram êxito sem precedentes em sua campanha contra a coca. Em dezembro de 2002, um estudo da ONU demonstrou que a extensão semeada havia sido reduzida em aproximadamente 30%, ou seja, 252 mil acres. Durante 2003, foram destruídos mensalmente mais de 35 mil acres, inclusive em áreas de reserva de parques nacionais que contêm 70% da água da Colômbia, tudo seguindo a lei aprovada pelo Congresso dos Estados Unidos no início de dezembro de 2003 e que estipula que até mesmo os 10 milhões de hectares de selva protegidos pelo Estado devem fazer parte do jogo. Em 2005, foi realizada a fumigação e/ou erradicação manual no parque Tayrona em Magdalena, La Macarena, Caquetá e Catatumbo no norte de Santander, onde menos de 1% da superfície era dedicada ao cultivo de coca.

Como parte integrante do Plano Colômbia, a partir de 2000 foram usadas doses altamente concentradas do herbicida Round Up Ultra, da Monsanto, misturado com Cosmo-Flux, um composto químico antigamente fornecido pelo ICI e que era usado para que o glifosato se aderisse a toda superfície sobre a qual fosse espargido. Ao borrifar esse componente tóxico, os pilotos colombianos e mercenários norte-americanos destruíram, além dos campos de coca, peixes, vida silvestre, gado, rios e cultivos legais. Em muitos casos, os habitantes das zonas cocaleiras simplesmente voltaram a semear além da zona de fronteira.

Segundo o renomado sociólogo colombiano Alfredo Molano, a guerra química precisa ser vista como parte de uma estratégia mais ampla da contrainsurgência:

> De saída, é preciso considerar que a fumigação é uma modalidade de guerra química cujo objetivo oculto é tirar os colonos e camponeses de suas regiões para impedir que apoiem – obrigada ou voluntariamente – a subversão. De certa forma, cumprem a mesma função que o terror paramilitar: tirar a água do aquário. (Molano, *El Espectador*, 1 maio 2005)

Mesmo quando a fumigação alcançou níveis recordes com aproximadamente 136 mil hectares espargidos, em 2004 ainda restavam 114 mil hectares. Não houve "melhoria", pois a produção líquida de coca continuava próxima dos níveis de 1999, ao contrário dos 50% de redução estipulados nas metas dos autores do Plano Colômbia. Os preços da cocaína e da heroína nas ruas norte-americanas continuaram em queda, enquanto para cada 32 hectares de coca fumigada, apenas um foi erradicado. A produção de coca na Colômbia, incluindo o número de hectares fumigados, foi maior em 2005 do que em 2003, mantendo-se apenas abaixo do registro estabelecido em 2002. Em 2006, era evidente que, apesar das reduções registradas entre 2002 e 2003, o cultivo de coca havia atingido novamente níveis recordes. Os agricultores aprenderam rapidamente a recorrer à ressemeadura, relocalização ou ambas. A fumigação aérea de mais de quatro mil quilômetros quadrados de território colombiano, a maioria dos quais era selva e bosques tropicais, ao custo de 160 mil dólares por milha quadrada, em geral só conseguiu um êxito temporário e muito localizado.

É claro que, na ausência de programas sustentados e bem planejados de substituição de cultivos, o terror da guerrilha e da contrainsurgência nas fronteiras cocaleiras só podia aumentar – o que é reconhecido até pelos estudos realizados pela Corporação Rand. Além dos problemas locais que gerou, essa aproximação da produção cocaleira e da cocaína também criou atritos diplomáticos com os governos vizinhos em Quito e Caracas, os quais garantem que tanto o Plano Colômbia como o Plano Patriota provocaram crescentes e constantes violações da sua soberania. Ao que parece, um custo adicional que não abalou nem um pouco o regime Bush-Uribe.

10. A GUERRA COMO PAZ (2005-2006)

> Durante os últimos cinco anos, os colombianos produziram o maior êxito da América Latina.
>
> R. Nicholas Burns, subsecretário de Estado para Assuntos Políticos dos Estados Unidos, 2006

A UNIFICAÇÃO DA TEORIA COM A PRÁTICA

O poder Executivo em Washington aclamou como um modelo para a contrainsurgência as políticas de "segurança democrática" de Uribe baseadas na incorporação de civis nas atividades repressivas do Estado, a fim de vencer as organizações insurgentes e estender a autoridade do governo central. Apesar de não terem obtido êxito em derrotar as entrincheiradas insurgências guerrilheiras, as políticas de "segurança democrática" permitiram que as forças militares estendessem seu controle sobre a vida política, econômica e social para novas regiões. Além disso, essas políticas reforçaram o colonialismo interno e violaram o Protocolo de Genebra ao controlar as relações entre civis e combatentes.

Qualquer interpretação do conflito armado leva consigo ramificações legais, políticas e militares específicas. Como disse Francisco Leal, um especialista na história da segurança nacional na Colômbia,

> qualquer política de paz está relacionada à interpretação do conflito armado. E se esta não for adequada, se cometer erros muito graves [...] Do mesmo modo, a linguagem degradante das autoridades oficiais, como parte da cruzada mundial contra o terrorismo, reforça esse problema. (Leal, jan./abr. 2004)

O presidente Uribe anunciou a seu corpo diplomático que na Colômbia não existia nenhuma guerra nem conflito armado. Em vez disso, a realidade era que um Estado militarmente preparado estava lutando contra "o terrorismo" ombro a ombro com a sociedade civil e com a ajuda da "comunidade internacional" guiada pelos Estados Unidos. O debate público na Colômbia frequentemente gira em torno da semântica, e por isso a ninguém passam despercebidos os variados e diversos sentidos dos termos usados. Redefinir o problema na Colômbia como "terrorismo" significa o final das pressões para uma solução negociada, ou seja, política, para o conflito armado com as Farc. Entretanto, além desses esgares semânticos, Uribe avançou em conversas preliminares com o ELN em Havana, dando continuidade ao modelo de paz fragmentada instaurado pela primeira vez por Gaviria.

A circulação de novas nomenclaturas de classificação dos conflitos na época de Guantánamo e Abu Ghraib permitiu a Uribe ignorar o Protocolo II da Convenção de Genebra, que obriga tanto os governos como os insurgentes a distinguir entre civis e combatentes. Depois de 11 de setembro de 2001, antes de se tornar Fiscal Geral dos Estados Unidos, Alberto Gonzales, na qualidade de conselheiro especial da Casa Branca, qualificou o Protocolo IV da Convenção de Genebra de "arcaico". Em junho de 2005, o presidente Bush chamou de "absurdo" um informe da Anistia Internacional sobre a tortura e o abuso aos direitos humanos em Guantánamo. Nesse contexto, Uribe soube tirar proveito das novas doutrinas imperiais no que se refere ao antiterrorismo, aos direitos humanos e às leis internacionais.

Urabá: a mudança regressiva

A teoria da contrainsurgência afirma que em uma guerra de guerrilhas a distinção entre civis e combatentes é insustentável. Na prática, o exército colombiano, que não respeitou os direitos humanos nem a Convenção de Genebra, só veio a enfrentar um tribunal civil em 1991. O exército colombiano considerou a supervisão civil como um obstáculo para travar a guerra contrainsurgente contra o povo colombiano, e a posição de Uribe coincidiu com a dos militares. Depois da desintegração da União Soviética e do bloco que estava atrás da Cortina de Ferro, tanto Uribe quanto o alto comando colombiano mantiveram uma filosofia política arraigada na Guerra Fria, mas reciclada sob a rubrica do "antiterrorismo".

Um destacado sociólogo, o diretor da Comissão Nacional de Reconciliação e Reparação Eduardo Pizarro, declarou que as "hipóteses de guerra" dos generais eram "imunes à mudança" (Pizarro apud Kirk, 2003, p.113) . Como se ilustrasse as consequências desse enfoque, em 21 e 22 de fevereiro de 2005, próximo da pacífica comunidade de San José de Apartadó, quatro de seus membros, incluindo Luís Eduardo Guerra, um de seus líderes e fundadores, e três crianças de 2, 6 e 11 anos, além de um adolescente de 17 anos, foram assassinados, alguns degolados com machetes, e seus corpos desmembrados. Segundo os residentes locais, que se recusaram a testemunhar perante as autoridades correspondentes por temerem represálias, os responsáveis foram soldados do exército. A resposta dada pelo exército acerca de suas ações durante o massacre foi uma série de declarações confusas e contraditórias.

Alguns líderes, como Luis Eduardo Guerra, haviam viajado para Estados Unidos e Europa para explicar sua situação e os esforços para melhorá-la. Como resultado da pressão internacional, a corte interamericana de direitos humanos ordenou que os habitantes de San José de Apartadó recebessem garantias de segurança por parte do governo colombiano. Entretanto, o massacre de fevereiro elevou para 152 o número total de membros da comunidade assassinados (19 deles pelas Farc), estatística que pôs à prova os limites da solidariedade internacional. Todavia, os habitantes dessa Comunidade de Paz, como praticantes da neutralidade militante não violenta com fortes vínculos com as organizações internacionais de direitos humanos, continuam insistindo que, para viverem e produzirem, é necessário que todas as forças armadas, incluindo tropas do exército e da polícia, permaneçam fora de suas áreas. Por isso, seus membros ameaçaram unir-se e partir se o governo insistisse em montar postos policiais no povoado, o que poderia torná-los alvos das incursões das Farc. Entretanto, o ex-ministro da Defesa, Jorge Alberto Uribe, disse não ser possível haver paz sem a proteção da polícia e das forças armadas. Em um conselho de segurança em Carepa, município do Urabá antioquenho, sede da Décima sétima Brigada, o presidente Uribe foi além, dizendo que:

> [...] as comunidades de paz têm o direito de se instalar na Colômbia graças ao nosso regime de liberdades. Mas não podem, como acontece em San José de Apartadó, rechaçar a Força Pública, proibir o comércio de artigos lícitos nem restringir a liberdade dos cidadãos que ali residem. Nessa comunidade de San José de Apartadó há gente boa, mas alguns de seus líderes, patrocinadores e defensores são seriamente acusados, por pessoas que ali residiram, de auxiliar as Farc e de querer utilizar a comunidade para proteger esta organização terrorista. (*El Tiempo*, 23 mar. 2005)

Segundo essa filosofia política, todas as formas de mobilização e protesto social foram tachadas de suspeitas, inclusive de criminosas, pois se acredita que os insurgentes as dirigem secretamente. Dessa ideia, conclui-se que se os civis que apoiam as guerrilhas não forem identificados e depois cooptados ou selecionados como alvos legítimos, nem o Estado nem suas tropas financiadas e treinadas nos Estados Unidos poderão ganhar a guerra. No início de abril de 2005, um posto policial foi instalado em San José de Apartadó, e por isso a maioria dos 400 habitantes que ainda restavam ali abandonou o lugar para fundar um novo município, La Holandita, que não contava com escola, serviços médicos, eletricidade, água potável ou esgoto, e onde havia um só banheiro para toda a comunidade. Em maio do mesmo ano, apenas cinco famílias permaneciam no povoado original, enquanto a polícia se dispersava em grandes números.

Em conformidade com um modelo de desenvolvimento econômico fundamentado na geração de empresas de agroindústria financiadas pelo capital estrangeiro, as terras da antiga comunidade de San José de Apartadó foram reservadas para serem utilizadas no desenvolvimento de plantações de palma africana, cultivo que requer desflorestamento e forte irrigação e, portanto, representa uma ameaça para rios, selvas e comunidades. Em sua primeira intervenção pública, José Vicente Castaño reivindicou o crédito do aumento das extensões de palma africana e a incursão da agroindústria em Urabá. Além de haver investido no negócio, Castaño convenceu outros a investir e encarregou-se de buscar novas regiões para o investimento.

Conhecido como o estrategista que estava nos bastidores das Autodefesas Unidas da Colômbia (AUC), Castaño, com o codinome de "O Professor", apresentou uma teoria rudimentar sobre a formação do Estado colombiano, segundo a qual as AUC abriam e asseguravam regiões para o investimento, a fim de que o governo acompanhasse os investidores. "Em Urabá temos cultivos de palma. Eu mesmo consegui empresários para investir nesses projetos, que são duradouros e produtivos. A ideia é levar os ricos a investir nesse tipo de projetos em diferentes zonas do país. Levando os ricos para essas zonas, lá chegarão as instituições do Estado" (Castaño, *Semana*. 5 jan. 2005) Dessa maneira, a palma africana, implantada como Estado de soberania por meio do terror e da expropriação, representou uma ameaça à sobrevivência de afro-colombianos e mestiços em San José de Apartadó e nas reservas indígenas ao longo dos rios Atrato, Cacarica, Curvaradó, Jiguamiandó e Salaqi. "Este extermínio a que temos sido submetidos por parte de uma Força Pública e que tem atuado de forma descarada com o paramilitarismo", declarou a Comunidade de Paz de San José de Apartadó em um comunicado público, "não é uma invenção nossa nem é questão de estatísticas. Nossas vítimas têm rostos, histórias, famílias; e agora jazem em tumbas que evidenciam indubitavelmente um crime de lesa-humanidade contra a comunidade".[1]

---

[1] Comunicado Público de la Comunidad de Paz de San José de Apartado, "La verdad y la transparencia no son ambigüedad ni confusión". jun. 2005. Disponível em: www.codhes.org.co.

Cauca: o retorno às raízes

Os grupos indígenas de Cauca estão atualmente na liderança dos movimentos radicais populares na Colômbia. Em setembro de 2004, suas organizações lideraram a maior passeata na história de Cauca (sessenta mil pessoas) contra a política de segurança democrática e a proposta de livre comércio com os Estados Unidos. Em março de 2005, esses grupos indígenas organizaram um referendo sobre o tratado de livre comércio, com a participação de 70% da população – 98% dos votos eram contra –, em um processo considerado transparente pelos observadores internacionais presentes. Um ex-prefeito de Caldono, Vicente Otero, foi um dos principais organizadores da campanha. Em 21 de maio, agentes das DAS revistaram sua casa e prenderam vinte pessoas. A ordem de revista policial foi emitida para outros 200 *pobladores*. Caldono, localizada na mesma zona de guerra de Toribío, Jambaló e Tacueyó, foi então destruída por um cilindro-bomba das Farc em julho de 2005.

Em vista de o Plano Patriota ter escolhido como alvo a costa oriental da cordilheira, nos departamentos de Caquetá e Meta, o segmento norte da costa ocidental, jurisdição do departamento de Cauca, onde as insurgências haviam se incrustado por mais de vinte anos, converteu-se em uma retaguarda estratégica. Os generais colombianos afirmaram que a região do maciço, onde as cordilheiras central e oriental se bifurcam, havia se convertido em um segundo "Caguán". A escola de Caldono foi transformada em quartel, e seus campos de esportes, adequados como heliportos. Segundo o gabinete do prefeito, durante esse período cerca de 2,4 mil pessoas foram deslocadas, sendo que mais da metade eram mulheres e crianças.

Em abril de 2005, quando a secretária de Estado dos Estados Unidos, Condolezza Rice, visitou Bogotá, não se mostrou muito consciente da importância de seu inquebrantável apoio às causas contrainsurgentes. À sua chegada, as Farc já haviam invadido o povoado de Tacueyó. Enquanto isso, as forças armadas tomavam Toribío após nove dias de combate mantido com as Farc, que teve início em 14 de abril e se estendeu ao longo de mais de 22 quilômetros ao norte dos Andes. Desconhecendo os eventos no norte de Cauca e a comoção no alto comando militar, Rice repetiu sem senso crítico as artificiosas declarações de Uribe, em que garantia haver assumido o controle de todos os municípios colombianos. Falar de uma "solução definitiva" para o conflito armado na Colômbia foi, na melhor das hipóteses, um ato de desinformação e, na pior, uma atitude sinistra. Seguindo a iniciativa de Rice, Uribe prometeu empreender "ações definitivas" para "derrotar os terroristas" no norte de Cauca.

Embora Rice tenha declarado que as melhorias na segurança e nas leis fomentaram uma cultura de legitimidade na Colômbia, a imprensa a contradisse com ênfase. O único grupo que implementou o império da lei, as autoridades indígenas do Cauca, foi imobilizado no fogo cruzado entre as Farc e o exército. Depois da renúncia de quatro de seus membros, obrigados a fazê-lo após discordar quanto à eficácia das operações conjuntas em tarefas de força, o alto comando militar foi classificado como torpe. O ataque das Farc no norte de Cauca foi uma demonstração mais que convincente de que eram tão militarmente capazes em 2005 como em 1955, e que a eficácia da "segurança democrática" em derrotar as insurgências havia sido superestimada.

Ataques como os de Toribío, assim como os ocorridos em San José de Apartadó, lançaram golpes profundos no coração dos movimentos radicais na Colômbia. Entretanto, enquanto os fatos de San José não podiam ser atribuídos às Farc, os de Toribío serviam sobejamente de exemplo da atitude *criolla* colonial para com os indígenas que essa organização guerrilheira vinha exibindo consistentemente tanto em Cauca como em outras partes do país. A morte de um menino de 9 anos e os danos causados por cilindros-bomba foram propagados pelo mundo todo. Homens e mulheres nasa mobilizaram suas "guardas indígenas", totalizando sete mil pessoas, e, armados com bastões de comando, símbolos de liderança, caminharam até o posto de comando das Farc à beira da montanha para lhes pedir que não lançassem bombas sobre o povoado.

Esses tipos de ações comunitárias constituem verdadeiras políticas de segurança democrática, pois estão fundamentados em tradições comunitárias não liberais de resolução de conflitos por vias não violentas que promovem o império da lei, a proteção governamental de direitos fundamentais estabelecidos na Constituição, a participação política e democrática e a soberania popular. Entretanto, em vez de reconhecimento, a resposta de Uribe foi insinuar vínculos entre as comunidades e as Farc, assim como fez depois do massacre de San José de Apartadó. No final de maio de 2005, já haviam sido expedidas 200 ordens de prisão contra um mesmo número de membros do povo nasa acusados de manter vínculos com as Farc. Como fizeram com as Farc e anteriormente com as AUC, os líderes da comunidade reiteraram ao presidente Uribe e ao corpo militar a necessidade de livrar seus territórios de todo grupo dentro do sistema de guerra.

Evidentemente, Uribe e o povo nasa exibiam visões incompatíveis de autoridade, democracia, segurança e soberania popular. Como em San José, a polícia chegou a Toribío para ficar. O Estado não permitiria a neutralidade dos cidadãos na guerra que havia prometido ganhar e exigia a colaboração contra as Farc. Aqueles que se mantivessem seriam recompensados, enquanto os outros, tachados de suspeitos. O líder comunitário Ezekiel Vitonás, que foi a Nova York para pronunciar um discurso perante as Nações Unidas em maio de 2005, criticou Uribe, dizendo: "Identidade, unidade, território e cultura, estes são os quatro pilares básicos de uma palavra que está contemplada na Constituição, mas não é cumprida: a autodeterminação dos povos aborígenes e indígenas". Vitonás especificou que "autodeterminação" significava desenvolver uma forma de vida e subsistência baseada na tradição e defesa diante de qualquer ameaça.

Os direitos indígenas e a autodeterminação mereceram ser mencionados no Senado norte-americano durante sua reunião de ajuda exterior de 2006; entretanto, não estava na lista de prioridades de Bush na Colômbia. Fazendo eco à justificativa sobre a política exterior norte-americana em El Salvador no início da década de 1980, Condolezza Rice repetia que, enquanto continuassem os avanços relacionados aos direitos humanos, à erradicação da cocaína e a outros aspectos, a Colômbia estaria "no caminho". Essa compreensão do conflito na Colômbia é consistente com a visão que o governo Bush tinha no Iraque, formada em parte por veteranos de campanhas contrainsurgentes na América Central, para os quais El Salvador era usada como exemplo de sucesso imperialista. Em janeiro de 2006, a secretária Rice e o presidente Bush mencionaram a Colômbia como modelo de democracia contrainsurgente. Independentemente, cada um fez alusão à suposta necessidade do governo iraquiano de "limpar" o território de insurgências e "assegurar" as áreas livres de ameaças, exatamente a mesma linguagem usada para explicar os objetivos do Plano Patriota e que, a partir de outubro de 2005, se converteu em "estratégia" no Iraque.

Em dezembro de 2005, o programa MacNeal/Lehrer *NewsHour* anunciou que o presidente Bush citou a Colômbia como exemplo de êxito imperialista do que ele chamou de frente de luta por "almas e corações". Posteriormente, em janeiro de 2006, Bush empregou os termos "limpar e assegurar" em sua "Estratégia Nacional para a vitória no Iraque". Um ano depois, em janeiro de 2007, ratificou que, como em 2005 e 2006, a estratégia diante da insurgência iraquiana era "limpar", "assegurar" e "construir". Aparentemente, nada tem tanto êxito como o próprio êxito.

Conclusão
Amnésia por decreto?

> Só queremos nos esquecer do passado.
> Manuel Mariano, paramilitar desmobilizado, 2006

Até o final do século XIX, as frequentes, mas circunscritas, guerras civis fizeram da Colômbia um caso representativo e pouco excepcional da política na América Latina. Entretanto, a partir de *La Violencia* das décadas de 1940 e 1950 – um conflito que deixou pelo menos 200 mil mortos –, seu curso histórico foi marcado por maior violência do que nos países vizinhos. Apesar da divergência das trajetórias, pode-se dizer que a política eleitoral social-democrata apoiada por organizações populares radicais caracterizou o cenário real na América do Sul. Na Colômbia, ao contrário, os movimentos populares radicais foram debilitados pela ação das insurgências de esquerda fortemente militarizadas, da polícia e das forças armadas apoiadas pelo império e por uma semiautônoma e crescentemente poderosa coalizão de narcoexércitos privados de direita. Depois de 11 de setembro de 2001, as dinâmicas de exercício do terror contrainsurgente, que transforma os civis em alvos de guerra, estabelecidas durante *La Violencia* e reforçadas durante a Guerra Fria, foram reembaladas sob a rubrica de antiterrorismo. Não era a primeira vez que o terror e a amnésia oficialmente declarada se convertiam em *lengua franca* da sociedade e da política colombianas, em resposta às lutas para conseguir paz e justiça.

Para explicar as peculiaridades colombianas, enfatizei como as experiências da Guerra Fria se superpuseram, como em uma montagem, aos padrões *criollos* de governo oligárquico ancorados em um catolicismo ultramontano, no predomínio conservador e na exportação cafeeira a partir da década de 1880, o que, por meio de políticas reacionárias, conseguiu integrar parcialmente os subalternos tanto à economia quanto à sociedade. Como os liberais pretendiam anular cinquenta anos de domínio conservador uma vez que chegassem ao poder, o sectarismo partidário propagou-se com sede de vingança nas décadas de 1930 e 1940, engendrando formas de guerra total que transformaram os civis em alvos. A emergência de um segmento de classe média de políticos, jornalistas e ideólogos estimulou essa resposta sangrenta, na medida em que novas vozes públicas fizeram da provocação política e das ideias extremadas seu modo de subsistência.

Após a Segunda Guerra Mundial, a política agrária na Colômbia foi similar à que depois Samuel Huntington chamaria, no contexto da Guerra do Vietnã, de "projeto de urbanização forçado", ou seja, obrigar o campesinato a migrar para as cidades por meio de guerras de contrainsurgência no campo. O sectarismo interno entre as diversas elites foi finalmente conjurado e a contrainsurgência anticomunista curou as feridas infligidas uns aos outros. Quando a elite civil renunciou à resolução militar dos conflitos partidários, preservar a ordem pública tornou-se assunto militar. Como aconteceu com a Escola das Américas, onde aproximadamente um terço a mais de oficiais colombianos estudou, em comparação com seus pares de El Salvador, seu competidor mais próximo, a Guerra da Coreia, serviu de escola para homens que depois ocuparam posições de liderança dentro da milícia colombiana durante as guerras imperialistas que os Estados Unidos travaram no Vietnã, na América Central e nos Bálcãs.

O Estado de terror contrainsurgente colombiano foi construído por políticos civis que delegaram a repressão às Forças Armadas, e não por ditadores militares que, a fim de salvar suas sociedades, as destroçaram internamente, como foram os casos da América Central e do Cone Sul. Apesar de o uso do estado de sítio ter sido regra em vez de exceção durante a Frente Nacional, foram as permanentes guerras civis em conjunção com uma democracia eleitoral parlamentar muito pontual – e não as ditaduras militares – os traços que fizeram a Colômbia sobressair dentro do contexto continental. Com o fim da Guerra Fria, no entanto, o papel direto dos militares na contrainsurgência diminuiu, e a função paramilitar aumentou. A trajetória do exército colombiano e das elites civis que governaram durante a Guerra Fria e depois dela indica apenas um lado da história da endêmica guerra colombiana e de seu generalizado terror político.

De forma irônica e perversa, os governos de direita e seus paraestados do terror contribuíram em grande medida para estimular as mobilizações armadas da esquerda nas décadas de 1960 e 1970, ao gerar migrações em duas direções: para as fronteiras urbanas das cidades de maior crescimento; e para as fronteiras agrárias, especialmente nas selvas do sul e nas planícies orientais. Nesses lugares, o poder do Estado, mesmo em seu aspecto repressivo, era muito fraco para governar. Até as operações de contrainsurgência militar e paramilitar se acelerarem depois do ano 2000, logo após o lançamento do Plano Colômbia financiado pelos Estados Unidos, essas áreas demonstraram ser um terreno fértil e propício para o aumento das insurgências.

Graças à virada que ocorreu na base produtiva do país entre as décadas de 1980 e 1990 rumo a uma economia extrativa de enclaves e extensas agroindústrias e criações de gado, as guerrilhas de esquerda conseguiram avançar quanto à projeção militar, extensão territorial e poder local, ao mesmo tempo em que perderam alcance político nacional ao fazer uso de táticas de terror que tradicionalmente seus oponentes haviam empregado contra elas. Na Colômbia, houve insurgências guerrilheiras desde 1948, mas seus anos de florescimento tiveram lugar entre 1978 e 1998, ou seja, seu maior momento de crescimento ocorreu ao mesmo tempo em que sua imagem pública ia se deteriorando irremediavelmente.

Esse desenvolvimento contraditório explica em grande medida por que, com o apoio institucional de muitos tipos, os defensores da contrainsurgência se propagaram e incrementaram com assombrosa velocidade e aceitação social entre 1997 e 2005, usando como pontos de apoio as privatizações, diversas formas de repressão descentralizada e expropriações violentas do território, e desse modo fomentando uma maciça concentração de terra, riqueza e poder político. Durante a prolongada agonia da Frente Nacional, quando o governo central tentou implementar reformas ou negociar a paz entre 1983 e 1984, 1987 e 1988, 1991 e 1992 e 1998 e 1999, os governos regionais e locais, além dos velhos e novos latifundiários, em união total com os paramilitares, empregaram o terror concentrado contra indivíduos e comunidades percebidos como inimigos.

Por serem considerados "a ala desarmada da subversão", os ativistas que buscavam cumprir a promessa do socialismo democrático revolucionário, pela qual Salvador Allende entregou sua vida no Chile, converteram-se em alvos de uma campanha sistemática de extermínio militar e paramilitar no final dos anos de 1970. Uma década depois, com a fundação do partido político União Patriota (UP), em sua maioria exterminado, e com os candidatos de esquerda assassinados, nem a insurgência nem a contrainsurgência consideravam válida a distinção entre combatentes e civis. Durante a guerra econômica neoliberal da década de 1990, um individualismo anárquico e atomizado prevaleceu nas fronteiras rurais e urbanas, ao lado do crime organizado, canalizando por meio da violência, da intimidação e do extermínio da esquerda eleitoral toda a energia antissocial na criação de capital.

As máfias da cocaína injetaram sangue novo nas mais antigas elites de fazendeiros do campo, colocando-os e aos dois partidos tradicionais em uma situação difícil em regiões e municípios. As corporações multinacionais perceberam que os narcoparamilitares ofereciam a única garantia de "segurança" à propriedade privada e controle sobre a mão de obra. Junto com o colapso de preços de 1989, os vínculos entre os cartéis da droga e os paramilitares deram o último golpe mortal à república cafeeira construída a partir do final do século XIX.

Os traficantes se converteram nos mais poderosos latifundiários do país. Na nova ordem instalada por eles em diversas regiões do país, segundo o sociólogo Alfredo Molano, "a terra pertence a quem a expropria" (*El Espectador*, 17 out. 2004). Depois da China, a Colômbia talvez seja o país com a maior contrarreforma agrária do mundo; mas, diferentemente da China, na Colômbia esta nunca foi precedida por uma reforma agrária.

Diversos mecanismos de tortura, assassinato, massacre e expropriação, similares àqueles promovidos durante *La Violencia*, foram revividos no final do século XX sob novas formas de organização. As dinâmicas do início do século XXI eram novas, devido principalmente ao tremendo impacto do comércio de narcóticos, ao avanço político-territorial do paramilitarismo e ao incremento da intervenção militar norte-americana. Entretanto, a vitalidade do passado, particularmente de *La Violencia*, continuava sendo palpável. "Sem tê-lo advertido até então, nos percebíamos tendo escrito apenas a introdução da análise do momento atual. Em nenhum outro campo de reflexão o passado teve tanta força do presente, ou o presente tanta força do passado", explicou o historiador Gonzalo Sánchez no final dos anos de 1980 (Sánchez, 1987, p.164).

Em regiões periféricas onde a produção de mercadorias de exportação e a extração de recursos naturais predominavam, afrocolombianos, indígenas e colonos mestiços viveram sob um terror ilimitado, tanto durante *La Violencia* como novamente no final do século XX. De certo modo, essa atmosfera foi também uma realidade para aqueles que viviam nos centros cafeeiros, onde muitas táticas de terror foram ensaiadas pela primeira vez na década de 1950. A proliferação do *sicariato*, do sequestro e da extorsão deram origem a uma concepção histórica de trágica circularidade e repetição. Para muitos, a esperança de um futuro era difícil de manter, existindo motivos de sobra para um profundo pessimismo. Foi esse vazio que Álvaro Uribe resolveu preencher com sua política de "segurança democrática", não isenta de messianismo e com uma aura de milagrosa eficácia que pede a fé e a obediência dos governados.

A repressão por parte da direita e o crescimento desmedido da resistência armada explicam a relativa debilidade e fragmentação dos movimentos populares radicais na Colômbia, os quais jamais conseguiram se articular como um bloco nacional-popular capaz de romper o monopólio oligárquico sobre as políticas econômicas. Em retrospectiva, está claro que sempre que o centro governamental tendia para uma política de redistribuição – de riqueza, recursos, poder político etc. – ou fazia negociações de paz com grupos insurgentes, a resposta das elites foi produzir contundentes viradas para a direita. Nessa medida, o poder político permaneceu ligado ao capital latifundiário e ao controle do território. Em meados da década de 1990, o empório de *capos* da droga paramilitarizados tornou-se mais inclusivo, mais bem organizado e mais estreitamente ligado aos funcionários públicos. O negócio da cocaína já não dependia dos cartéis centralizados; sob esses novos arranjos organizativos, o negócio do narcotráfico conseguiu vincular os mundos urbano e rural melhor do que nenhum outro setor industrial nacional. Até o momento, nenhuma fração da oligarquia colombiana havia conseguido reunir outros grupos em torno de um projeto de hegemonia nacional; tampouco nenhum segmento havia liderado ou dirigido outras frações no fortalecimento do Estado-nação, dos direitos de propriedade e do controle da mão de obra. Como resultado desse feito pioneiro, no início do século XXI os narcoparamilitares, como defensores do Estado e da propriedade privada, definiram os limites da política eleitoral nos âmbitos locais, regionais e inclusive nacional.

Embora a Colômbia seja hoje em dia excepcional dentro do contexto da América Latina graças à sua não resolvida guerra civil, no âmbito mundial é muito mais representativa do que a Bolívia, por exemplo, onde as mobilizações populares estabeleceram fortes restrições à violência estatal e permitiram a nacionalização dos hidrocarbonetos e também uma mudança nas formas de representação política para incluir mais que as minorias dominantes de *criollos* e mestiços. Neste livro, concentrei-me em explicar o caráter excepcional da violência política da Colômbia desde os anos de 1940, para no capítulo final sugerir que, com os presidentes Bush e Uribe, a Colômbia esteve prestes a se converter em um modelo para o mundo da contrainsurgência supostamente "bem-sucedida" e de democracia de "baixa intensidade".

Com a vênia de Washington e das instituições financeiras internacionais na década de 1990, a riqueza e o poder se concentraram em níveis extraordinários naqueles países com sistemas parlamentares democráticos excludentes, caracterizados por eleições regulares e políticas econômicas neoliberais. El Salvador, Nicarágua e Guatemala são exemplos claros de como na América Latina o crime organizado desenfreado, a impunidade e os assassinatos políticos com obscuros tentáculos no mundo da máfia seguiram a etapa da contrainsurgência "bem-sucedida". As exceções foram a Frente de Libertação Nacional Farabundo Martí (FMLN) e a Frente Sandinista de Libertação Nacional (FSLN), que resistiram heroicamente à transição do exército para partido eleitoral, embora de maneira quase irreconhecível. Assim como muitas democracias de mercado emergentes fora das fronteiras do Atlântico Norte, os conflitos de classe e étnico-raciais endêmicos são uma característica de seus sistemas políticos, os quais se sustentam sobre altos níveis de violência, impunidade e uma fusão entre política e crime organizado. O Iraque e o Afeganistão poderiam constituir outros dois exemplos de sociedades onde as insurgências, as políticas neoliberais e as eleições "democráticas" assumem um lugar em meio ao reino da impunidade e do crime organizado, não fosse o fato de ambos estarem sob a ocupação dos Estados Unidos e da Otan e de serem, por conseguinte, excepcionais dentro do atual cenário mundial.

Como parte da formação de Estados-nações liberais, outras "democracias de baixa intensidade" na América Latina estabeleceram Comissões da Verdade após períodos de terror político e estatal patrocinados pelos Estados Unidos. No caso colombiano, a incorporação dos paramilitares na política eleitoral e na vida pública teve como premissa a amnésia oficialmente sancionada com precedentes na Guerra Fria. Com a "Lei de Justiça e Paz", Álvaro Uribe permitiu que criminosos paraestatais atenuassem suas ações delitivas por trás de uma névoa de esquecimento e prosperassem tal como o fizeram aqueles anistiados por Rojas Pinilla na década de 1950.

Três diferenças significativas sobressaem entre aquele momento e o presente. Primeiro, a ausência de vínculos de mecenato com qualquer dos partidos políticos que caracteriza as guerrilhas de esquerda atuais torna muito provável que estas tenham poucas possibilidades de tirar partido dessa lei de anistia. Com o governo de Uribe, as Farc estarão na mira como "terroristas" e destinadas a serem eliminadas. Segundo, a coalizão regional de blocos paramilitares é muito mais forte em relação aos dois partidos e ao governo central do que era cinquenta anos atrás. Sua estratégia de acúmulo de capital e sua evolução como Estado paralelo lhes concederam considerável autonomia que os criou e os protege. Terceiro, o sistema bipartidário está entrando em colapso diante do impacto do *uribismo*. Qualquer que seja o futuro de conservadores e liberais, é pouco provável que sobrevivam intactos ao processo de integração paramilitar com o Estado e a sociedade.

A fim de examinar o passado para analisar o presente, introduzi uma série de debates públicos acerca da memória e da justiça à luz do que aconteceu anteriormente. Os modos coloniais de dominação política, exploração econômica e discriminação étnico-racial não terminaram com as guerras de Independência, mas ingressaram em uma nova etapa de desenvolvimento da qual ainda não pararam de emergir. O momento atual é certamente um dos mais sombrios da história da Colômbia, mas, se o passado serve de guia, ele nos ensina que, assim como veio, também se vai.

Se há algo que ilustra bem os diferentes movimentos populares radicais na Colômbia é a grande persistência em recriarem a si mesmos sob as mais adversas circunstâncias e apesar das sucessivas ondas de terror estatal, paramilitar e insurgente. Esses movimentos lutaram para tornar o Estado responsável perante seus cidadãos e para fortalecer o império da lei, de acordo com os direitos constitucionalmente estabelecidos. Portanto, com seus discursos e suas ações ofereceram um modelo diferente de autoridade que lança raízes em formas coletivas não liberais de democracia, radicalmente o oposto ao oferecido pelo Estado ou pelas insurgências, sem falar no paraEstado. Comparadas com o povo nasa em Cauca, as Comunidades de Paz como a de San José de Apartadó, ou os afro-colombianos e indígenas de Chocó, tanto as Farc como as contrainsurgências desfrutam de visões de democracia, segurança, autonomia e soberania bastante empobrecidas. Depois de observar o passado colombiano, o que floresce é a esperança, pois de tempos em tempos os movimentos populares radicais têm sabido unir forças para erguer bravios atrás da autodeterminação em uma pólis mais pacífica, equitativa e justa.

Bibliografia

ABAD, Iván Orozco. La democracia y el tratamiento del enemigo interior. *Análisis Político*. n.6. jan-abr 1989.

AHMAD, Aijaz. Colombia's Lethal Concoction. Delhi: *Frontline*, v.23, mar.-abr. 2006.

ANDERSON, Perry. *Passages from Antiquity to Feudalism*. London: New Left Books, 1974.

BRAUN, Herbert. *The Assassination of Gaitán: Public Life and Urban Violence in Colombia*. Madison: University of Wisconsin Press, 1986.

CABALLERO, Antonio. Infiltrados o reinsertados. Semana.com. 29. abr. 2006. Disponível em: http://www.semana.com/noticias-opinion/infiltrados-reinsertados/94230.aspx. Acesso em: 28 jan. 2010.

CHERNICK, Marc; JIMÉNEZ, Michael. Popular Liberalism, Radical Democracy, and Marxism: Leftist Politics in Contemporary Colombia, 1974-1991. In: CARR, Barry, Carr; ELLNER, Steven (eds.). *The Latin American Left: From the Fall of Allende to Perestroika*. Boulder: Westview Press, 1993.

CODHES. Consultoría para los Derechos Humanos y el Desplazamiento. No en nuestros territorios. 15 nov. 2005. Disponível em: http://www.codhes.org.

GRANDIN, Greg. *The Last Colonial Massacre: Latin America in the Cold War*. Chicago: University of Chicago Press, 2004.

GUIZADO, Álvaro Camacho. Paras y parapolítica. In: *El Espectador*, jun. 2005.

HOBSBAWM, Eric. *Tempos Interessantes* – Uma Vida no Século XX. São Paulo: Companhia das Letras, 2002.

JELIN; Elizabeth. *State Repression and the Labors of Memory*. Minneapolis, MN: University of Minnesota Press, 2003.

KIRK, Robin. *More Terrible than Death*: Massacres, Drugs, and America's War in Colombia. Public Affairs; 1.ed., 2003.

LEAL, Francisco. La seguridad durante el primer año del gobierno de Álvaro Uribe Vélez. *Análisis Político*. n.50. jan./abr. 2004.

LEONGÓMEZ, Pizarro. Revolutionary Guerrilla Groups in Colombia. In: BERGQUIST, Charles; SÁNCHEZ, Gonzalo; PEÑARANDA, Ricardo (eds.). *Violence in Colombia*. The Contemporary Crisis in Historical Perspective. Delaware: SR Books, 1992.

MOORE, Barrington. The Social Origins of Dictatorship and Democracy. Boston: Beacon Press, 1966.

MOLANO, Alfredo. A dos fuegos. *El Espectador*, 1 maio 2005.

RICHANI, Nazih. *Systems of Violence*: The Political Economy of War and Peace in Colômbia. New York: State University of New York Press, 2002.

ROMERO, Mauricio. *Paramilitares y autodefensas*, 1982-2003. Bogotá: IEPRI, 2003.

ROMERO, Mauricio. Democratización política y contra reforma paramilitar en Colômbia. In: SÁNCHEZ, Gonzalo; LAIR, Eric (eds.). *Violencias y estrategias colectivas en la región andina*, 1. ed. Bogotá: Grupo Editorial Norma, 2004.

SÁNCHEZ, Gonzalo. Reseña: *Orden y Violencia*, por Daniel Pécaut; *Análisis Político*. v. 2. set-dez. 1987.

SÁNCHEZ, Gonzalo. Guerra prolongada y negociaciones inciertas en Colombia. In: SÁNCHEZ, Gonzalo; LAIR, Eric (eds.). *Violencias y estrategias colectivas en la región andina*. Bogotá: Grupo Editorial Norma, 2004.

SÁNCHEZ, Gonzalo. *Guerra y política em La sociedad colombiana*. Bogotá: El Áncora, 1991.

SANDERS, James S. *Contentious Republicans*: Popular Politics, Race, and Class in Nineteenth-Century. Colômbia. Durham, NC: Duke University Press, 2004.

SERPA, Horacio. Guerra sucia, autodefensa y guerrillas y fuerzas armadas. In: *Análisis Político 2*. Bogotá: Instituto de Estudios Políticos y Relaciones Internacionales, mar.-abr. 1987.

Coleção Revoluções do Século 20
Direção de Emília Viotti da Costa

A Revolução Alemã [1918-1923] – Isabel Loureiro

A Revolução Boliviana – Everaldo de Oliveira Andrade

A Revolução Chilena – Peter Winn

A Revolução Chinesa – Wladimir Pomar (org.)

A Revolução Cubana – Luis Fernando Ayerbe

A Revolução Guatemalteca – Greg Grandin

A Revolução Iraniana – Osvaldo Coggiola

A Revolução Nicaraguense – Matilde Zimmermann

A Revolução Peruana – José Luis Rénique

A Revolução Salvadorenha – Tommie Sue-Montgomery e Christine Wade

A Revolução Venezuelana – Gilberto Maringoni

A Revolução Vietnamita – Paulo Fagundes Visentini

As Revoluções Russas e o Socialismo Soviético – Daniel Aarão Reis Filho (org.)

SOBRE O LIVRO

Formato: 10,5 x 19 cm
Mancha: 18,8 x 42,5 paicas
Tipologia: Minion 10,5/12,9
Papel: Off-white 80 g/m² (miolo)
Cartão Supremo 250 g/m² (capa)
1ª edição: 2010
4ª reimpressão: 2020

EQUIPE DE REALIZAÇÃO

Projeto visual (capa e miolo)
Ettore Bottini

Capa
Megaarte

Edição de Texto
Raquel Maygton (Copidesque)
Renata Truyts (Preparação de texto)
Roberta Oliveira Stracieri (Revisão)

Editoração Eletrônica
Eduardo Seiji Seki (Diagramação)

Impresso por :

Graphium
gráfica e editora

Tel.:11 2769-9056